PPT作业
可以这样做

尹小港　蒋思宁 ／ 著

人民邮电出版社
北　京

图书在版编目（CIP）数据

PPT作业可以这样做 / 尹小港，蒋思宁著. -- 北京：
人民邮电出版社，2025.7
ISBN 978-7-115-61497-1

Ⅰ. ①P… Ⅱ. ①尹… ②蒋… Ⅲ. ①小学－多媒体课
件－制作 Ⅳ. ①G436

中国国家版本馆CIP数据核字(2023)第067374号

内 容 提 要

本书旨在讲解 PowerPoint 常见的使用方法。本书主要介绍了如何使用 PowerPoint 制作演示文稿，包括如何插入图片，如何编辑文字，如何设置背景音乐，如何设置动画效果，如何制作母版，如何设置页面切换效果，如何设置视频播放等内容。

本书适合小学五年级及以上学生阅读。

♦ 著　　　　尹小港　蒋思宁
　　责任编辑　张天怡
　　责任印制　陈　犇

♦ 人民邮电出版社出版发行　　北京市丰台区成寿寺路 11 号
邮编　100164　　电子邮件　315@ptpress.com.cn
网址　https://www.ptpress.com.cn
北京捷迅佳彩印刷有限公司印刷

♦ 开本：720×960　1/16
印张：11　　　　　　　　2025 年 7 月第 1 版
字数：302 千字　　　　　2025 年 7 月北京第 1 次印刷

定价：59.90 元

读者服务热线：(010)81055410　印装质量热线：(010)81055316
反盗版热线：(010)81055315

序

PREFACE

  亲爱的小同学，你会做 PPT 演示文稿吗？哦，还不会呀！那可要抓紧了哦，因为很快你就会在学习、生活中用到它了。

  各位家长朋友，您收到学校老师布置的"PPT 作业邀请"了吗？如果还没有，别担心，从小学三年级开始，您就会有辅导孩子一起制作 PPT 演示文稿作业的"机会"了。如果您还不怎么会使用 PowerPoint，那么这本书可以带您掌握制作 PPT 演示文稿的要领，轻松解决辅导难题。如果您已经会制作 PPT 演示文稿了，还要向您推荐这本书，除了那些极具参考价值的案例，本书还赠送一本电子版的 iSlide 插件使用手册（参见异步社区中本书的详情页），帮助您大幅提升 PPT 演示文稿制作的效率。

  本书由成都艾斯莱德网络科技有限公司提供技术支持，在此特别表示感谢。

尹小港

　　PowerPoint 是制作演示文稿的常用软件。可用演示文稿进行工作汇报，它的主要着力点是如何把事情描述清楚，所以内容要注重数字和文字说明；还可用演示文稿做产品演示，因为要给用户有冲击性的印象，所以内容会注重图片和版面设计，即便是做图表也要干净利落。工作中使用演示文稿不仅能让演示的内容更直观，而且会显得更加专业。

　　PowerPoint 既是方便进行演示文稿排版制作的软件，也是方便进行演示文稿放映的软件。利用它制作的演示文稿可突出重点，简化内容，理顺逻辑，从而增强与受众的互动，提高沟通效率。

　　青少年学习 PowerPoint 后，能够制作高质量的演示文稿，从而更好地吸引受众，更好地表达自己，也能更好地提升自己，增强自信心，收获更多机会。

　　本书以父子对话的形式，用轻松的口吻带领读者学习PowerPoint。

　　本书共 6 课。主要内容如下。

　　第 1 课介绍什么是幻灯片，以及 PowerPoint 的工作界面与选项卡。

第2课讲述演示文稿的基本操作、美化和播放等。

第3课结合实例操作，讲解演示文稿的制作流程。

第4课结合案例讲述幻灯片的母版制作，演示文稿的封面页、目录页、内容页、结束页的制作与编辑，动画效果与切换效果等。

第5课讲述如何在演示文稿中添加音频。

第6课介绍如何在演示文稿中添加视频。

PowerPoint 为我们提供了一种便捷的途径，可以更加形象地体现我们的想法与构思，令展示的内容更加简单、清晰、有条理。

尹小港

目 录
CONTENTS

第 ① 课

原来这就是 PowerPoint 啊

今天是"六一"国际儿童节，聪聪的班级表演了国学朗诵和大合唱，并且得了奖。

今天我们朗诵得特别整齐，演唱也很好听。同时，在舞台上表演的时候，我们背后的大屏幕上还放着电影，音乐的声音也很好听。

嗯？还有电影？什么电影啊？

就是我们在朗诵的时候，大屏幕上能看见我们要朗诵的诗歌文字，里面还有云彩和国画，还会动呢！

看着聪聪兴奋的样子，爸爸明白了那是什么。

哦，我知道了，那个不是电影哦，是你们的老师为你们的表演设计制作的演示文稿。它配合你们的朗诵和合唱，可以让你们的表演更加好看，更能吸引观众。

演示文稿？爸爸，那是什么啊？

那是一种用计算机软件设计制作的，播放起来像电影动画一样的东西。你如果想知道得更详细的话，回家以后爸爸再给你仔细讲一讲吧。

嗯，好呀。爸爸快看，绿灯亮啦，我们快点回家吧！

第 1 节 幻灯片是什么

在了解幻灯片的工作原理前，要知道物理学中的一个光学现象：物体越靠近凸透镜，其成像越大；越远离凸透镜，其成像越小。科学家们利用凸透镜生成倒立、放大实像的原理，发明了投影机。

老式投影机

在透明的胶片上画图，再将胶片放到投影仪的玻璃台面上，光线透过底座、透镜和反射镜片，将胶片上的图画投射到屏幕上。

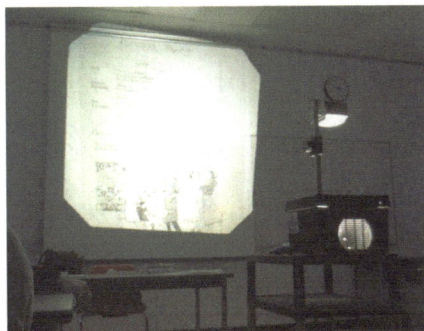

用投影机展示幻灯片

　　人们觉得这个用灯照射出图片来的东西非常奇幻，就给它取名叫"幻灯片"了。

　　投影仪和幻灯片有助于展示图文内容，或用大幅的图画进行说明，很多年前就被应用到学校的教学中。

　　随着计算机的发明，投影机也一起进入了数字化时代。经历了多次的技术迭代，投影机不再庞大笨重，变得越来越精致小巧，图像越来越清晰，还可以播放音乐、电影等内容。

投影仪的演变

　　在最开始用于投影的幻灯片中，需要将图文内容手工涂绘上去，在进行投影展示时，还需要一张一张地手动更换。

　　后来随着胶片技术的应用，图文内容被冲印在胶片上，幻灯片变得更轻薄、更清晰。新的投影仪上可以装入很多张幻灯片，每次只需按一个按钮，就可以切换投影下一张幻灯片，这就实现了连续播放。

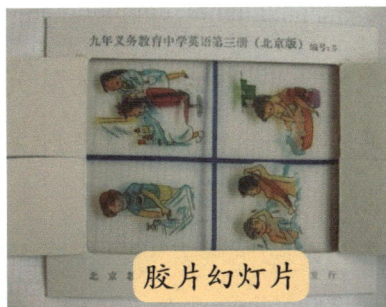

胶片幻灯片

　　随着数字技术的快速发展，幻灯片也突破了呈现介质的限制，实现了数字化。

　　在计算机上使用专门的软件，将照片、图案、文字、声音等素材编排成演示文稿（幻灯片文档），就可以通过投影机、电视机、计算机、多媒体屏幕等数字设备进行播放。

　　在这些制作演示文稿的软件中，较常用的就是微软公司 Office 系列办公软件中的 PowerPoint，因为其创建的演示文稿文件格式为 PPT、PPTX，所以该演示文稿通常被简称为"PPT 幻灯片"。

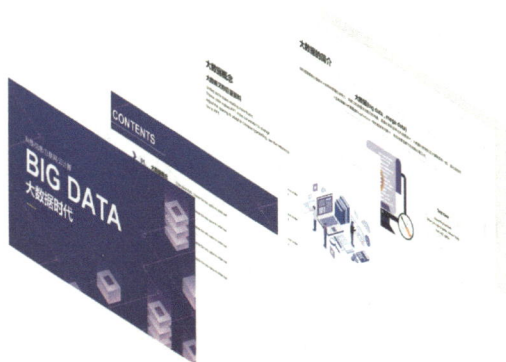

演示文稿的逐页展示形式

小智提示

今天的数字幻灯片就是从光影现象与科学技术的结合中逐渐发展得来的。最早利用灯光影像进行艺术表现的是中国的皮影戏。

在皮影戏的表演中，用纸板或兽皮做成各种故事里面的人物剪影，表演者在白色的幕布后面操纵皮影的动作，灯光将皮影的样子照射到幕布上；同时艺人们配合传统乐器的演奏，用当地传统的曲调唱述戏曲故事。皮影戏饱含中国文化特色。

中国皮影戏已经有两千多年的历史，并已入选《人类非物质文化遗产代表作名录》。

好厉害！原来咱们中国在那么久以前就有这样奇妙的"幻灯片"了呀！

嗯，不过皮影戏不是幻灯片，虽然它们都是利用物理学的光学现象来发明的。

哦，您会做我们老师用那个软件做的幻灯片吗？

哈哈，当然啦，爸爸可是什么都会哟。那个软件叫PowerPoint，我们家的计算机上就安装了，爸爸还经常用它来工作呢。你如果有兴趣，爸爸可以教你呀。

那太好啦，等一会儿我把家庭作业做完，您就给我看看那个软件吧。

第 2 节 认识 PowerPoint

PPT 演示文稿可以整合多种类型的素材，动态效果丰富，视觉表现形象生动，应用领域广泛，人们在生活、工作、学习中越来越容易接触、使用到。制作 PPT 演示文稿的专业软件——PowerPoint，正在不断地完善和进步，使设计、制作PPT 演示文稿变得越来越方便。

知识点 1　PowerPoint 的工作界面

创建一个新的 PPT 演示文稿。在计算机上安装好 PowerPoint 后，在"开始"菜单中选择"PowerPoint"命令，或者在桌面上双击其快捷方式图标，即可启动该软件并进入其"开始"界面。在"开始"界面中，可以新建空白演示文稿。

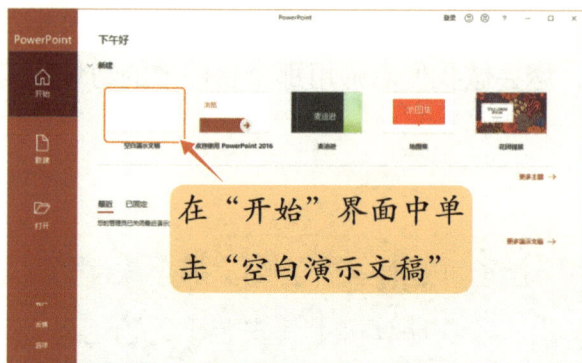

在"开始"界面中单击"空白演示文稿"

单击"新建"按钮，进入"新建"界面，也可以新建空白演示文稿。

在"新建"界面中单击"空白演示文稿"

PowerPoint 的工作界面如下。

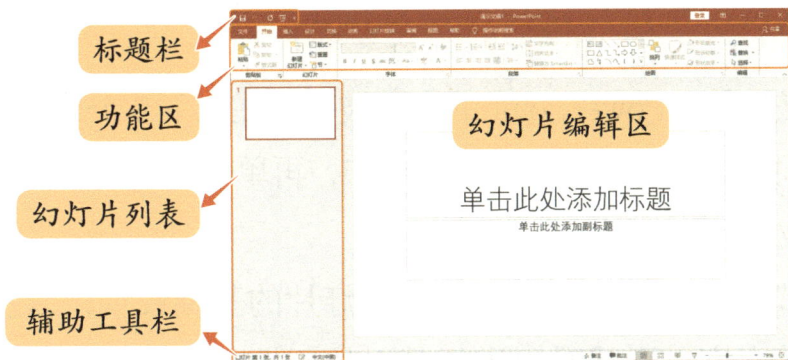

- 标题栏：位于窗口顶部，在中间位置显示了当前文档的名称，并在两端显示了一些常用功能按钮。

- 功能区：将以往的传统下拉菜单整合成了标签形式，将实现各种功能的命令以按钮的方式在相应的标签下方进行罗列，使用起来更加直观方便。

- 幻灯片列表：演示文稿中的每一页称为幻灯片，幻灯片列表位于窗口左侧，以缩略图的方式依次显示了文档中的所有幻灯片。单击一张缩略图，幻灯片编辑区将显示出对应的幻灯片内容。

- 幻灯片编辑区：显示当前幻灯片的页面内容，是制作 PPT 过程中主要的工作区。

- 辅助工具栏：左侧的信息条实时显示当前幻灯片在文档中的第几页；右侧提供了一些辅助工具，包括添加备注和批注、切换视图模式、播放幻灯片和调整页面显示比例等。

知识点 2　PowerPoint 的选项卡

　　按功能，PowerPoint 的命令被整合在以下 9 个选项卡（单击不同的标签，展开相应的选项卡，再单击需要的功能按钮即可完成对应的编辑操作）中。

　　"开始"选项卡主要用于幻灯片的基础设置，以及对页面中的文字、形状对象进行基本的属性和显示效果设置等基本操作。

设置文字
字体及效果

设置文本段落
排版样式

设置形状对象的
填充、轮廓与效果

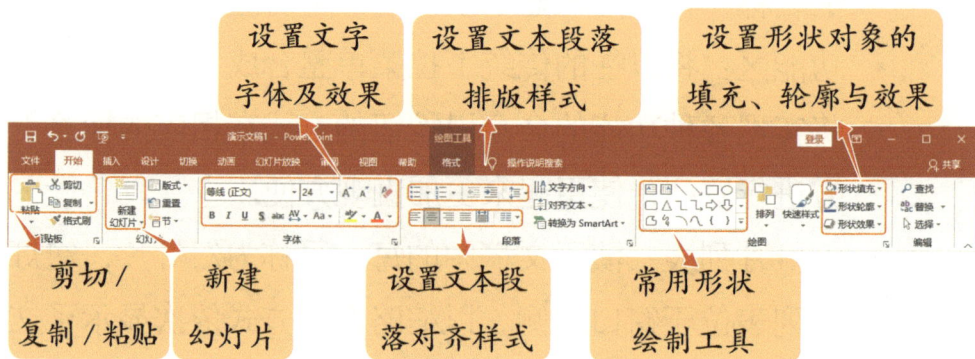

剪切 /
复制 / 粘贴

新建
幻灯片

设置文本段
落对齐样式

常用形状
绘制工具

　　"插入"选项卡用于在演示文稿中进行内容及对象的插入。

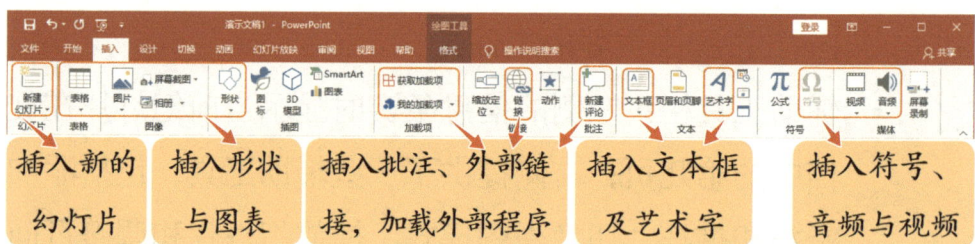

插入新的
幻灯片

插入形状
与图表

插入批注、外部链
接，加载外部程序

插入文本框
及艺术字

插入符号、
音频与视频

　　"设计"选项卡用于对演示文稿的整体视觉效果进行设置。

为文档中的所有页面
选择合适的外观主题

设置统一的
字体和标准色

设置幻灯片的页面
大小和背景样式

"切换"选项卡用于设置幻灯片在放映时的页面切换效果，通常在演示文稿的图文内容编辑完成后进行设置。

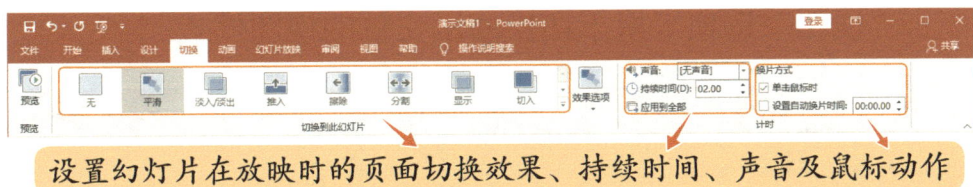

设置幻灯片在放映时的页面切换效果、持续时间、声音及鼠标动作

"动画"选项卡用于为幻灯片中选择的对象添加动画并设置动画效果等。

添加动画、设置动画效果

设置触发方式

设置持续时间

"幻灯片放映"选项卡用于对幻灯片的放映方式进行设置，通常在内容编辑完成后进行。

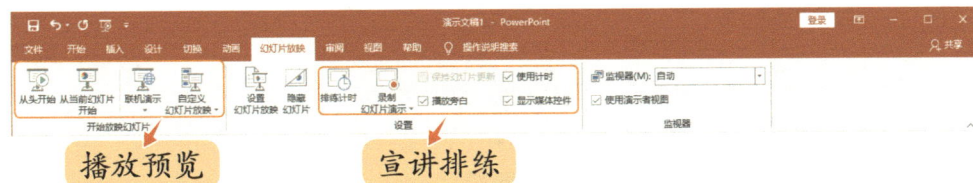

播放预览

宣讲排练

　　"审阅"选项卡用于对当前幻灯片的内容进行检查、翻译和审评等。

査找 / 替换

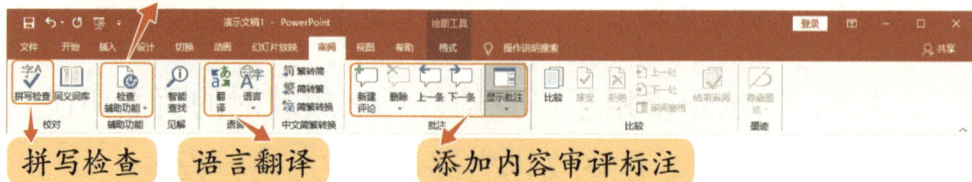

拼写检查　　　语言翻译　　　添加内容审评标注

　　"视图"选项卡用于切换演示文稿的视图模式。

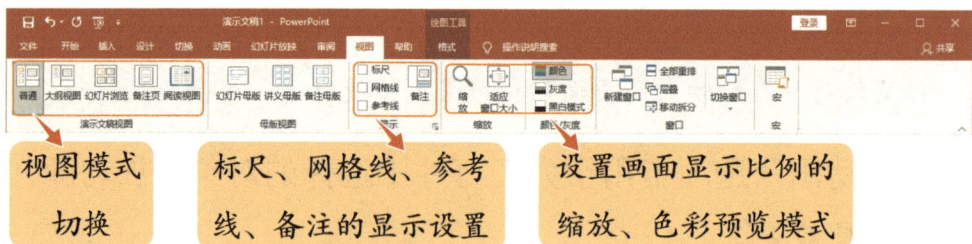

视图模式
切换　　标尺、网格线、参考
线、备注的显示设置　　设置画面显示比例的
缩放、色彩预览模式

　　"帮助"选项卡主要用于打开 PowerPoint 的帮助系统，通过分类检索或关键字查找，查看各种软件功能及操作方法的帮助说明。

💡 小智提示

　　将鼠标指针移动到标签中的一个功能按钮上后，它的下方会弹出一个提示框，简要描述该按钮的功能，方便用户在学习时快速了解各部分的功能及使用方法。

第 2 课

和 PowerPoint 交个朋友吧

看见聪聪放学回家后就开始玩玩具，爸爸特意提醒了聪聪。

聪聪，前两天说的那个PowerPoint摸索得怎么样了？

爸爸，您是说那个做演示文稿的软件吗？我仔细看了一遍，了解了一些大概的功能，但是怎么操作我还不会。爸爸，要不今天就教教我吧？

嗯，可以的。学习做演示文稿呀，其实也不难，只要循序渐进地掌握 PowerPoint 这个软件的主要功能，你也可以做出漂亮的演示文稿哦。今天爸爸就先教你一些基础的操作方法，作为你入门学习的开始。不过，要等你把家庭作业做完了以后再开始。

嗯嗯，好的！我马上就去做，做完了我们就开始吧。

第 1 节　新建和保存文件

　　对文件的操作和管理是使用所有软件时基础的工作，掌握起来也很容易，不同软件的操作会略有差别。下面学习 PowerPoint 中的文件操作方法。

知识点 1　新建演示文稿

　　在前面介绍 PowerPoint 工作界面的时候已经介绍过新建演示文稿的基本方法，这是制作演示文稿的第一步操作。接下来，通过另外几种方法来新建演示文稿。

通过模板创建演示文稿

　　模板是具有部分基础内容的演示文稿。挑选满足自己需要的模板，创建演示文稿，在此基础上进行增、删和修改，即可快速制作出一个内容完整的演示文稿，帮助我们大幅提高工作效率。

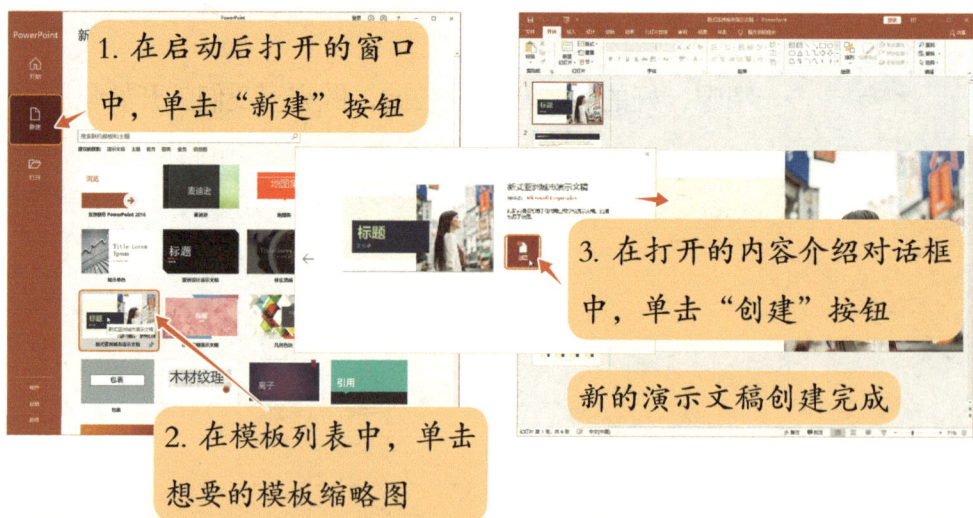

1. 在启动后打开的窗口中，单击"新建"按钮

2. 在模板列表中，单击想要的模板缩略图

3. 在打开的内容介绍对话框中，单击"创建"按钮

新的演示文稿创建完成

💡 小智提示

　　如果 PowerPoint 默认显示的模板列表中没有自己想要的模板，可以在微软的 Office 在线资源库中搜索符合条件的模板文件来创建演示文稿。

在"搜索联机模板和主题"文本框中，输入需要的内容关键字

通过快捷键创建演示文稿

　　在编辑演示文稿的过程中，随时按 Ctrl+N 快捷键，即可创建一个新的空白演示文稿。

知识点 2　保存演示文稿

　　对于新建的还未保存的演示文稿，可以通过打开"另存为"对话框，在其中选择"最近"中的保存位置、云端、本机或者网络位置进行保存。

1. 单击"保存"按钮或按 Ctrl+S 快捷键

标题布局
副标题

另存为

2. 打开"另存为"对话框，单击"浏览"按钮

3. 选择在本机上的保存位置

4. 输入文件名，单击"保存"按钮

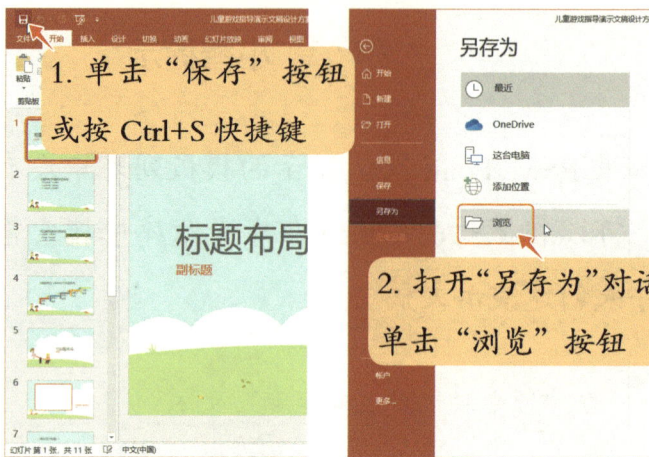

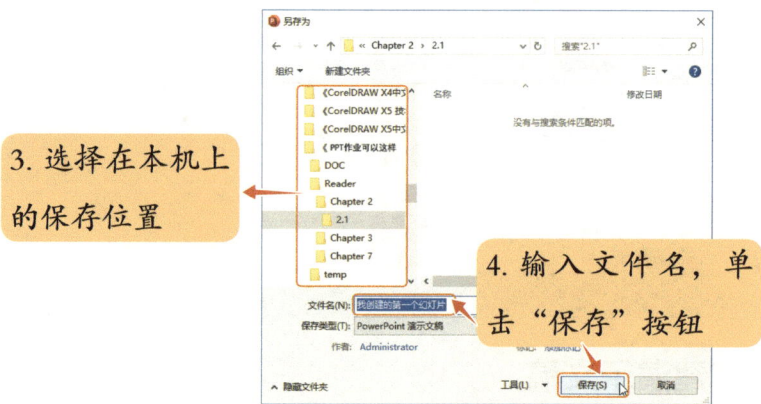

打开保存好的演示文稿，可以浏览或继续编辑其内容。

Title Layout

2. 选择文件图标，按 Enter 键或双击该文件图标，打开演示文稿

1. 打开刚才保存演示文稿的文件夹

小智提示

在制作演示文稿的过程中，要养成在完成一个阶段的编辑工作后及时按 Ctrl+S 快捷键进行保存的习惯，避免程序无响应或突然停电等意外情况造成工作成果的损失。

第 2 节　制作演示文稿的基本操作

新建的空白演示文稿包含一张默认的标题页幻灯片。添加新的符合编辑需要的幻灯片，以及对幻灯片进行移动、复制等操作，是制作演示文稿前需要掌握的基本操作技能。

知识点 1　新建幻灯片

在当前打开的演示文稿中添加新的幻灯片有两种方法。

方法 1：从工具栏中添加。

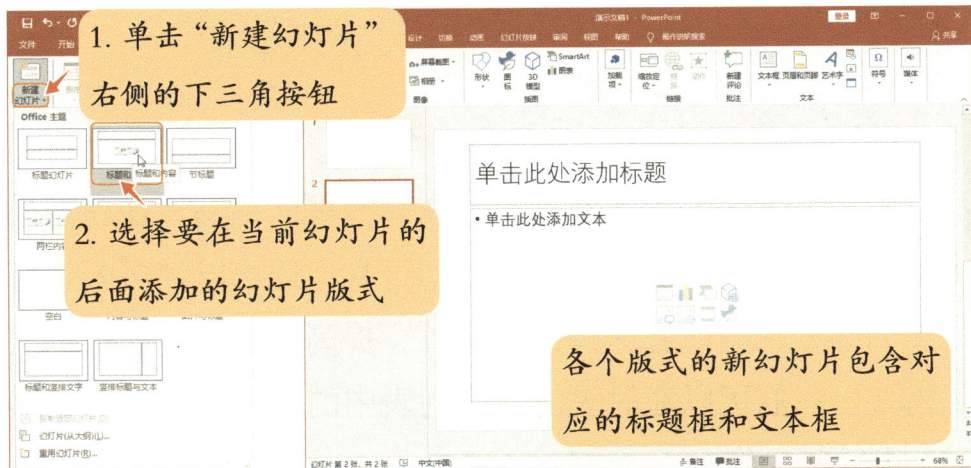

1. 单击"新建幻灯片"右侧的下三角按钮

2. 选择要在当前幻灯片的后面添加的幻灯片版式

各个版式的新幻灯片包含对应的标题框和文本框

方法 2：从幻灯片列表中添加。

1. 选中添加幻灯片的位置并右击

2. 选择"新建幻灯片"命令

单击此处添加标题

• 单击此处添加文本

爸爸，什么是版式啊？

它是 PowerPoint 中一种常规排版的格式。应用幻灯片版式可以为文字、图片等设置更加合理简洁的布局。版式包括文字版式、内容版式、文字和内容版式与其他版式。

知识点2　移动/复制与删除幻灯片

复制编辑好内容的幻灯片并在其他页面粘贴，在此基础上稍加修改就可以快速得到新的幻灯片，还可以使多张幻灯片中的部分相同内容保持固定位置，提高工作效率。根据实际需要，我们可以随时对幻灯片列表中的页面进行位置的移动、删除等操作。

步骤 1 打开演示文稿。

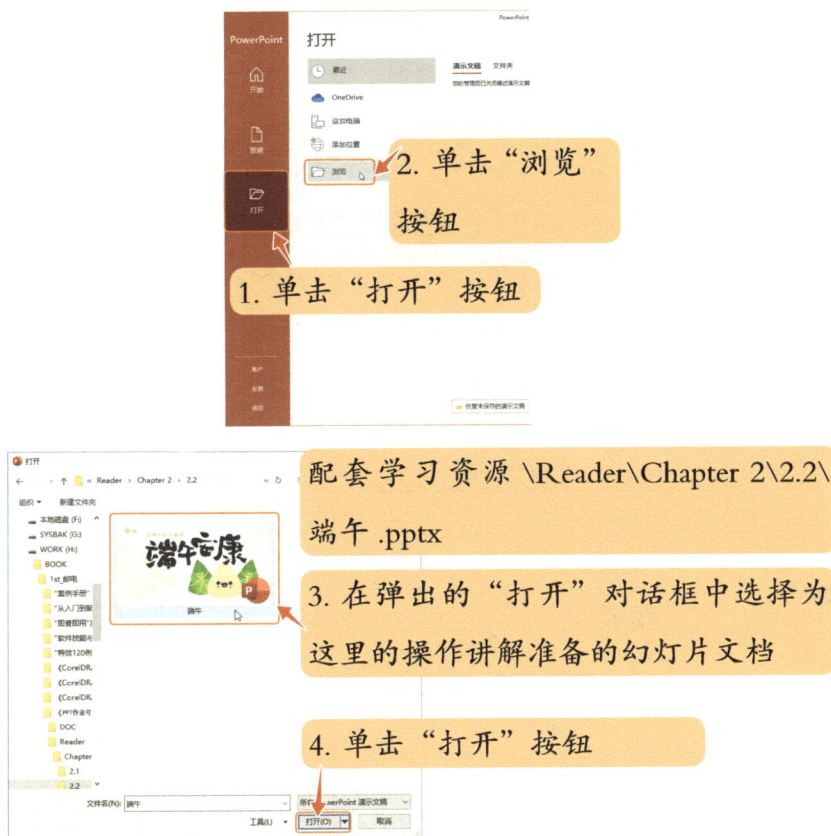

2. 单击"浏览"按钮

1. 单击"打开"按钮

配套学习资源 \Reader\Chapter 2\2.2\端午.pptx

3. 在弹出的"打开"对话框中选择为这里的操作讲解准备的幻灯片文档

4. 单击"打开"按钮

步骤 2 浏览幻灯片。

3. 滚动鼠标滚轮或上下拖曳浏览滑块，查看幻灯片列表中的其他页面

2. 在编辑区中查看其内容

1. 单击一张缩略图

爸爸，因为图片是小小的所以叫缩略图吗？

哈哈，这样理解也可以。缩略图显示在导航窗格中，导航窗格就是 PowerPoint 页面左侧有很多缩略图的地方，可以方便我们定位到任意一张幻灯片。

步骤 3 移动幻灯片页面。

1. 选择要移动的幻灯片缩略图，按 Ctrl+X 快捷键进行剪切

2. 单击确认粘贴的位置，按 Ctrl+V 快捷键粘贴，完成移动

或选择要移动的一张或多张幻灯片，按住鼠标左键向上或向下拖曳到需要的位置后松开鼠标左键，完成移动

小智提示

　　要在幻灯片列表中同时选择多张幻灯片，需要配合键盘来完成。在按住 Shift 键的同时，先单击选择一张，再单击选择另一张幻灯片，连续的多张幻灯片将被选中。在按住 Ctrl 键的同时进行幻灯片的选择，只有被单击的页面会被选中，这种方法可用于选择多页不相邻的页面。

　　步骤 4　复制和粘贴幻灯片。

1. 选择要复制的幻灯片，按 Ctrl+C 快捷键进行复制

2. 在幻灯片列表中找到需要插入的地方，单击确认位置后按 Ctrl+V 快捷键完成粘贴或选择要复制的幻灯片，按住鼠标左键向上或向下拖曳到需要的位置后，按住 Ctrl 键再松开鼠标左键，即可完成复制和粘贴幻灯片

　　步骤 5　对于不再需要的幻灯片，在幻灯片列表中选中它们后，按 Delete 键将其删除。

第 3 节　给幻灯片"上妆"

　　创建好演示文稿并添加幻灯片后，就可以开始往幻灯片里添加内容了。

知识点 1　添加文字并设置文字效果

　　在添加的空白幻灯片中，会出现以虚线显示的默认文本框（其中的"单击此处添加标题"为提示文字，不会在播放时显示出来）。

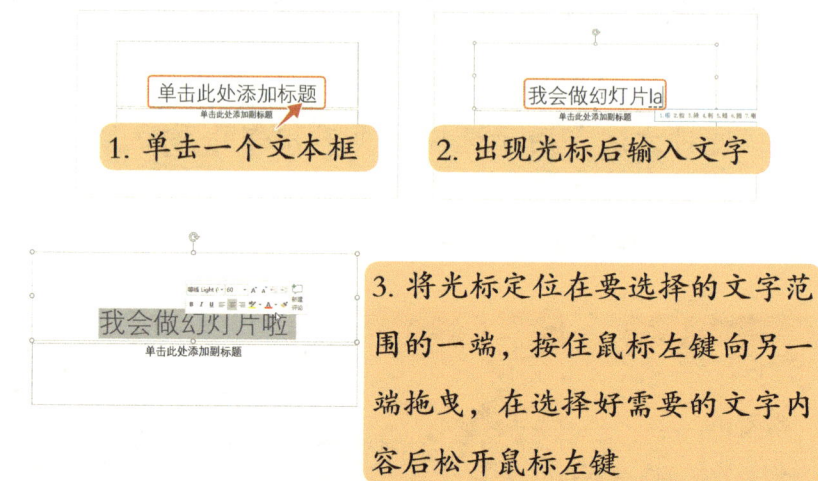

1. 单击一个文本框

2. 出现光标后输入文字

3. 将光标定位在要选择的文字范围的一端，按住鼠标左键向另一端拖曳，在选择好需要的文字内容后松开鼠标左键

4. 通过浮动面板或"开始"选项卡中的"字体"选项组对选择的文字进行字体效果的设置

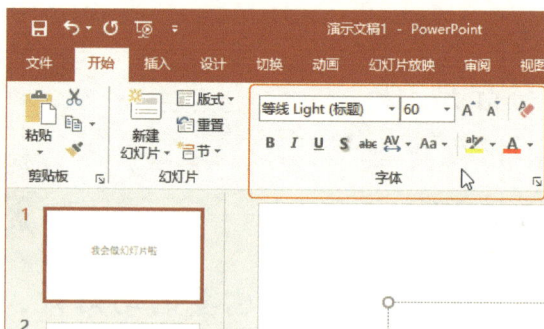

　　"字体"选项组中常用的选项如下。

- 　等线 Light (标题)　▼ （字体）：在单击该按钮展开的下拉列表中，可以为选择的文字选择需要的字体。

- 　60　▼ Å Å （字号）：通过输入数字或在下拉列表中

选择，为选择的文字设置字号大小。

单击字体下拉列表，可以在字体列表中为文字选择新的字体，把鼠标指针放在不同的字体上会在幻灯片编辑区形成预览

- **B I U S abc**（文字样式）：单击对应的按钮，可以为选择的文字应用加粗、倾斜、下画线、文字阴影、删除线等效果。

- **AV**（字符间距）：在单击该按钮展开的下拉列表中，可以为选择的文本设置字符之间的距离。

- **Aa**（更改大小写）：在单击该按钮展开的下拉列表中，可以为所选文字中的英文字母设置大小写。

- **ab**（文本突出显示颜色）：用亮色突出显示，使选择的文本更加醒目。

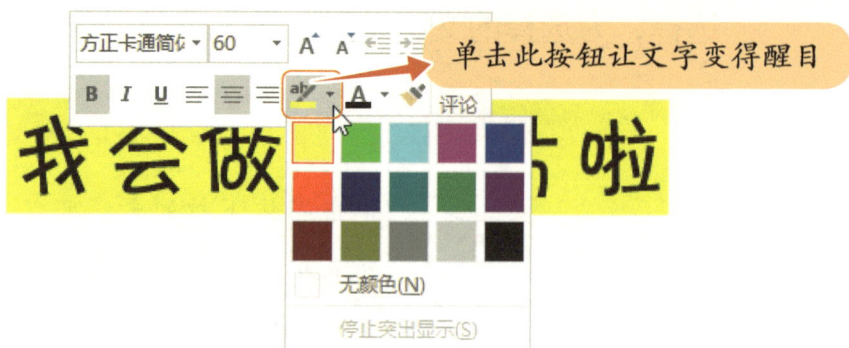

单击此按钮让文字变得醒目

- **A** ▾ 字体颜色：为选择的文字设置颜色。

单击此按钮更改文字的颜色

- 🧹 清除所有格式：取消对所选文字的字体、字号、颜色等所有格式的设置，使其恢复至刚输入时的初始状态。

当新建的幻灯片中默认的文本框不够用时，可以自行添加新的文本框，文本框的宽度会随着输入文本宽度的变化进行调整，还能通过按 Enter 键进行换行。

1. 单击 "插入" 标签
2. 单击 "文本" 选项组中的 "文本框" 按钮
3. 在幻灯片中单击即可插入一个自由文本框

这是一个自由文本框

　　单击 "文本框" 按钮后，在幻灯片编辑区中，按住鼠标左键并往一边拖曳，会出现一个矩形的文本框，在其中输入的文本会在抵达右边框时自动换行。该文本框的尺寸可以根据需要，用边角上的控制点进行调整。

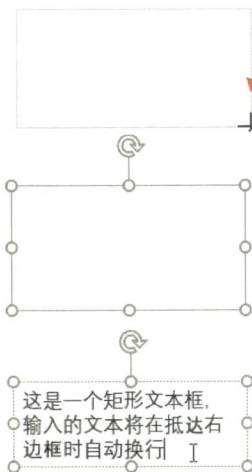

1. 单击 "文本框" 按钮
2. 在幻灯片中按住鼠标左键并拖曳

这是一个矩形文本框，输入的文本将在抵达右边框时自动换行

　　单击 "文本框" 下方的下三角按钮，从下拉列表中选择 "竖排文本框"，可在幻灯片编辑区绘制出一个竖排文本框，在其

中输入的文字会以竖直方向排列（文字按从上到下、从右向左排列）。在编辑幻灯片时可以根据内容编排的需要进行选用。

1. 单击"文本框"下方的下三角按钮

2. 选择"竖排文本框"

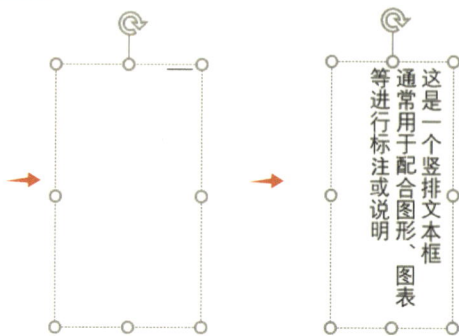

这是一个竖排文本框，通常用于配合图形、图表等进行标注或说明

爸爸，什么是编排呀？

编排就是编辑排版的总称。

💡 **小智提示**

在实际的幻灯片编辑工作中，可以提前在文字编辑软件（如 Word、记事本等）中准备好各张幻灯片中需要置入的文字内容，尤其是文字内容比较多的时候。在制作演示文稿时先选择要置入的文字内容，按 Ctrl+C 快捷键进行复制，然后在幻灯片中按 Ctrl+V 快捷键，就可以将所选文字以插入文本框的方式粘贴到其中了。

知识点2 添加形状对象、图片素材

在幻灯片中添加形状对象、图片素材，也是基本的编辑操作，可以让幻灯片的内容表现更加形象、直观。

添加形状对象

形状对象，是指在 PowerPoint 中通过选择形状工具绘制的各种形状。这些形状属于矢量图。对这些形状对象进行效果设置，再配合其他图像与文字的编排，可以提升内容的表现效果。

什么是矢量图?

矢量图是计算机图形学中用点、直线或多边形等基于数学方法的几何图元表示图像的方法。矢量图只能靠软件生成，可以自由无限制地对图像进行组合。它的特点是放大后图像不会失真，适用于图形设计、文字设计、标志设计和版式设计等。

在添加形状对象时，可以通过 3 种方法选择需要的形状工具进行形状的绘制。

方法1：从"插入"选项卡中插入形状。

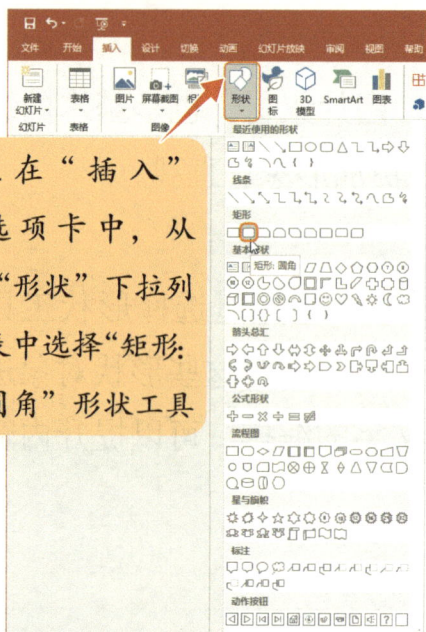

1. 在"插入"选项卡中，从"形状"下拉列表中选择"矩形：圆角"形状工具

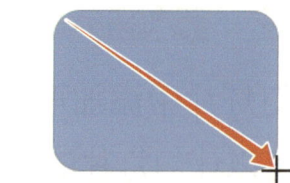

2. 在幻灯片编辑区中，按住鼠标左键拖曳，绘制出自由尺寸的圆角矩形

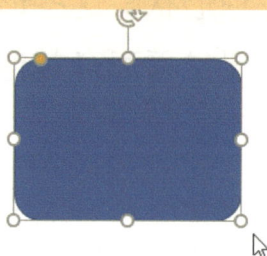

方法 2：从"开始"选项卡中插入形状。

1. 单击"开始"标签，展开"开始"选项卡

2. 单击形状列表框右下角带横线的下三角按钮，在弹出的列表中选择需要的形状工具

方法 3：从"格式"选项卡中插入形状。

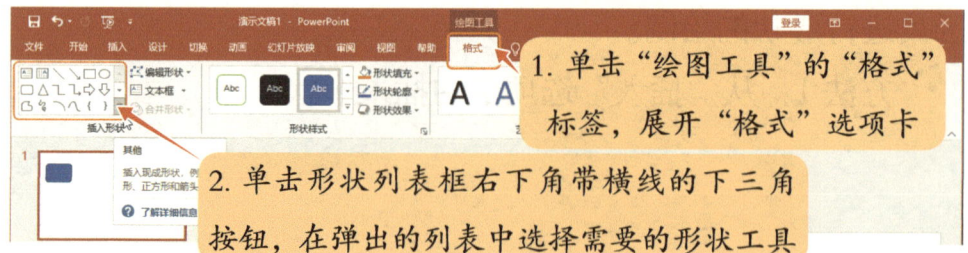

1. 单击"绘图工具"的"格式"标签，展开"格式"选项卡

2. 单击形状列表框右下角带横线的下三角按钮，在弹出的列表中选择需要的形状工具

添加图片素材

图片是制作演示文稿时经常使用的素材资源。在演示文稿的制作过程中可以插入各种各样的图片，让画面看起来更加丰富多彩。要添加图片素材，可以使用以下两种方法。

方法 1：插入图片。

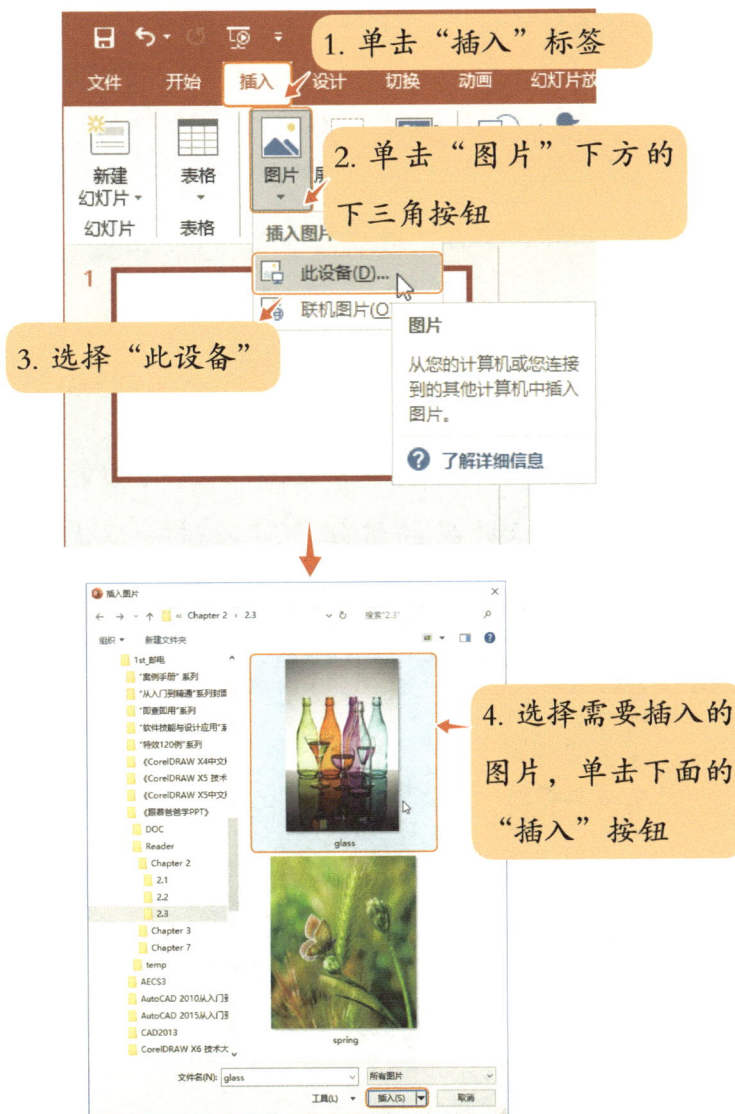

1. 单击"插入"标签

2. 单击"图片"下方的下三角按钮

3. 选择"此设备"

4. 选择需要插入的图片，单击下面的"插入"按钮方法 2：复制、粘贴图片素材。

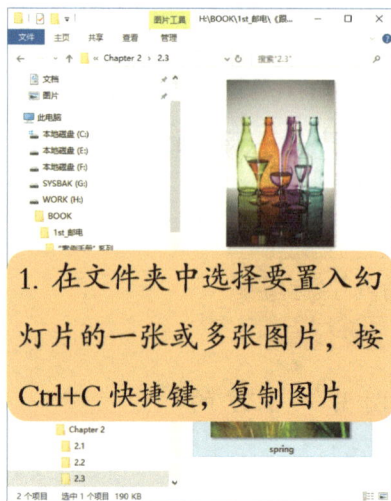

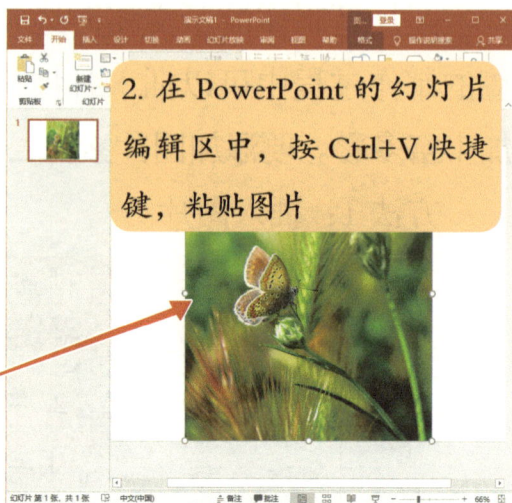

1. 在文件夹中选择要置入幻灯片的一张或多张图片，按 Ctrl+C 快捷键，复制图片

2. 在 PowerPoint 的幻灯片编辑区中，按 Ctrl+V 快捷键，粘贴图片

💡 小智提示

在展开的"格式"选项卡中选择不同的功能按钮对图片素材进行各种显示效果的编辑，可以进一步优化图片素材。在制作演示文稿时可以多尝试使用这些功能。

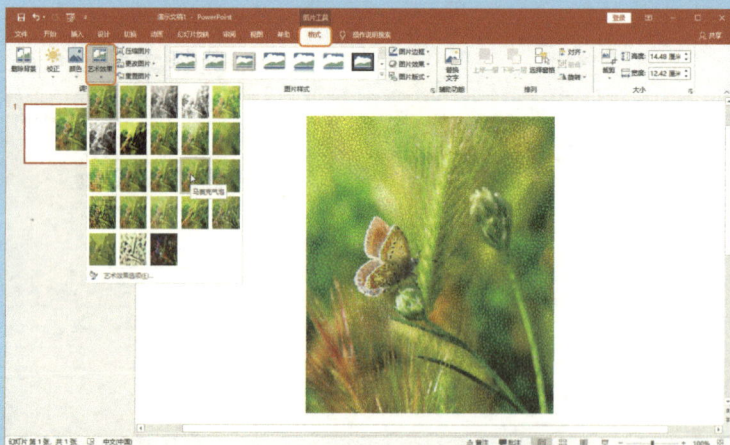

知识点3　"上妆"错了怎么办：操作的撤销与恢复

在制作演示文稿的过程中，如果对刚刚编辑完成的效果不满意，或者不小心执行了错误操作，想要回到之前的状态，都可以通过撤销操作来完成。撤销操作可通过 Ctrl+Z 快捷键实现。如果撤销后又想恢复，可以按 Ctrl+Y 快捷键进行恢复。

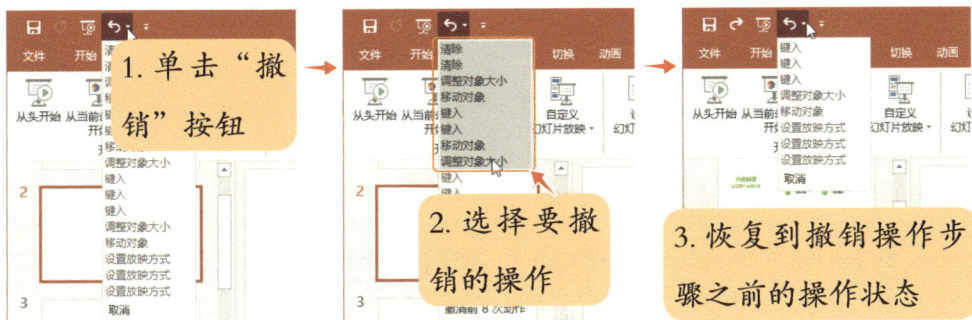

1. 单击"撤销"按钮

2. 选择要撤销的操作

3. 恢复到撤销操作步骤之前的操作状态

第4节　让幻灯片动起来

在完成一张幻灯片的制作后，可以对已经编辑好的内容进行播放预览，查看页面完成效果，方便对需要调整的部分及时进行修改。

本节将继续使用演示文稿"端午.pptx"来进行讲解。

知识点1　从头开始播放幻灯片

通过以下3种方法可以对幻灯片进行从第一页开始的播放预览。

方法1：按 F5 快捷键。

方法2：单击 PowerPoint 工作窗口的标题栏中的"从头

开始" ▣ 按钮。

方法 3：单击"幻灯片放映"选项卡中的"从头开始"按钮播放幻灯片。

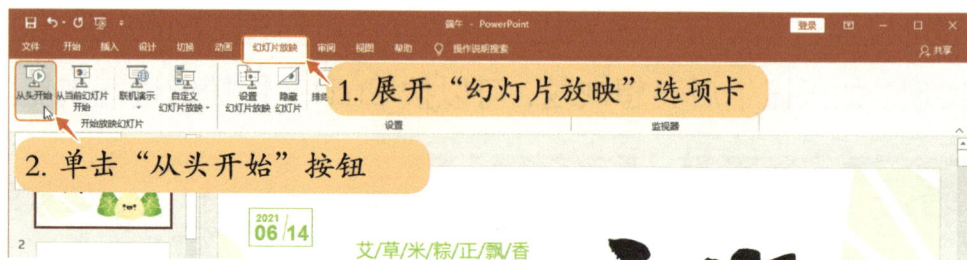

知识点 2　从当前页开始播放幻灯片

在编辑幻灯片的过程中，可以通过以下 3 种方法，选择从当前页面开始播放幻灯片，查看页面的效果。

方法 1：按 Shift+F5 快捷键。

方法 2：单击 PowerPoint 辅助工具栏右侧的"幻灯片放映" ▽ 按钮。

方法 3：单击"幻灯片放映"选项卡中的"从当前幻灯片开始"按钮。

知识点 3　播放过程中的操作

在放映过程中，幻灯片默认以全屏显示。设置了自动换片时间的幻灯片会随着放映时间的推进自动按顺序播放。没有设置的则需要配合使用鼠标或键盘来进行换片播放。播放过程中的操作如下。

- 向后翻页：单击或按空格键、Enter 键、PageDown 键、下方向键或右方向键。
- 向前切换返回：按 Backspace 键、PageUp 键、上方向键或左方向键。
- 结束放映并回到工作窗口：在幻灯片播放到最后一张后，单击或按空格键。
- 退出放映：按 Esc 键。

- 选择命令执行操作：右击，从弹出的快捷菜单中选择"下一张"（或"上一张"）"定位至幻灯片""结束放映"等操作。

第 **3** 课

我的第一个演示文稿：
我的小小时候

爸爸下班回家后，聪聪迫不及待地开始提问。

爸爸，那个软件的基本操作我都练习好几遍了，您什么时候才能教我做演示文稿啊？

那今天爸爸就教你做演示文稿吧。我们来认识一下这个做演示文稿的软件，它叫"PowerPoint"，来跟着我念一遍，"PowerPoint"。

PowerPoint！

嗯，很好，看来你已经记住它的名字了。我们今天就来一起做一个简单且好看的演示文稿吧。挑选一些你与爸爸妈妈的合照来做一个音乐电子相册，怎么样？

太好啦！我知道妈妈把照片放在哪儿了，就在书架上的相册里，有好几本呢！

不是哦，那些照片是冲洗出来的，不是电子版本的。做演示文稿要用到的是电子图片文件。不过，爸爸已经把照片都保存在了移动硬盘里，可以直接使用。

那爸爸赶紧把移动硬盘找出来，我要挑选最好看的照片来制作我的第一个演示文稿！

好的，我们一起挑选吧！

第1节　制作演示文稿的准备工作

制作一个演示文稿，就如同完成一个完整的作品。为了使作品更好地呈现，达到预期的效果，我们必须在进行制作之前就做好准备工作。

知识点1　规划演示文稿的制作流程

在可以熟练使用 PowerPoint 进行基本操作以后，制作电子相册演示文稿就是一个比较简单的项目了。首先，我们来规划制作流程。

爸爸，规划制作流程是什么意思啊？

就是提前考虑制作这个演示文稿的步骤，并确定一个方案。在制作演示文稿时，按照这个方案，一步一步地把它做完就好了。

明白了。

聪聪，你先来思考一下这个方案吧。

好的，我觉得我们可以先挑选照片，然后把照片放到 PowerPoint 里面去，再加上一些文字。对了，还要加上音乐，我记得学校老师放的演示文稿就是有音乐的，播放出来就像看动画片一样。

聪聪，你真棒！你说的都很对。在实际制作过程中，还可以把步骤再细化一些。咱们这个电子相册演示文稿的制作步骤是这样的：准备素材（照片文件、背景图像、背景音乐）→编辑幻灯片背景→按顺序插入照片→编辑标题文字→添加背景音乐→设置切换效果→播放预览→导出视频。

对于一些内容信息比较多、表现效果复杂的演示文稿，做好前期的工作规划是很有必要的。在做规划时可以用纸和笔把自己的想法写出来或画出来；也可以把内容和想法都先整理成 Word 文档，仔细检查各个部分的内容，确认清楚后，再将 Word 文档的内容转换成演示文稿。

知识点 2　准备素材

把演示文稿里面需要用到的图片、音乐、视频等素材整理出来并保存到指定（或专门新建）的文件夹里，有助于快速地查找需要插入演示文稿中的素材。

　　PowerPoint 的功能主要是对各种插入的素材进行整合编排，以及绘制一些基础图形、编辑文字和插入动画。在实际的演示文稿制作中，还可能需要借助其他软件，对一些素材（作者及其家人的照片）进行预处理。

　　例如，使用 Photoshop 先对照片进行美化修饰、添加图像效果或标题图形等。要处理不同类型的素材、制作不同的效果，就需要用到不同的软件。

小智提示

　　在学习制作演示文稿的过程中，也可以尝试学习更多软件的操作技能，遇到困难可以向爸爸、妈妈寻求帮助。

　　先准备好各种素材，再开始动手制作，才能有条不紊地完成演示文稿的制作。

第2节　创建演示文稿

　　在创建演示文稿这个环节，可以完成一些基础工作。

　　步骤1　双击计算机桌面上的 PowerPoint 图标，启动 PowerPoint。

　　步骤2　新建演示文稿。

步骤 3　打开新建的演示文稿，可以看到新建的空白幻灯片中有两个默认的标题文本框，这是为了方便用户在上面添加标题和副标题而设置的。

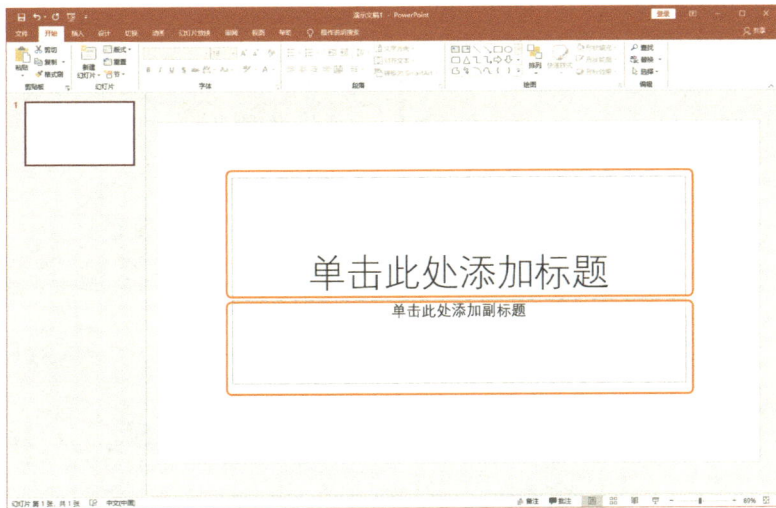

步骤 4　删除默认的标题文本框。在暂时不需要添加文字时，为避免文本框在幻灯片中影响操作，可以先把它们删除。

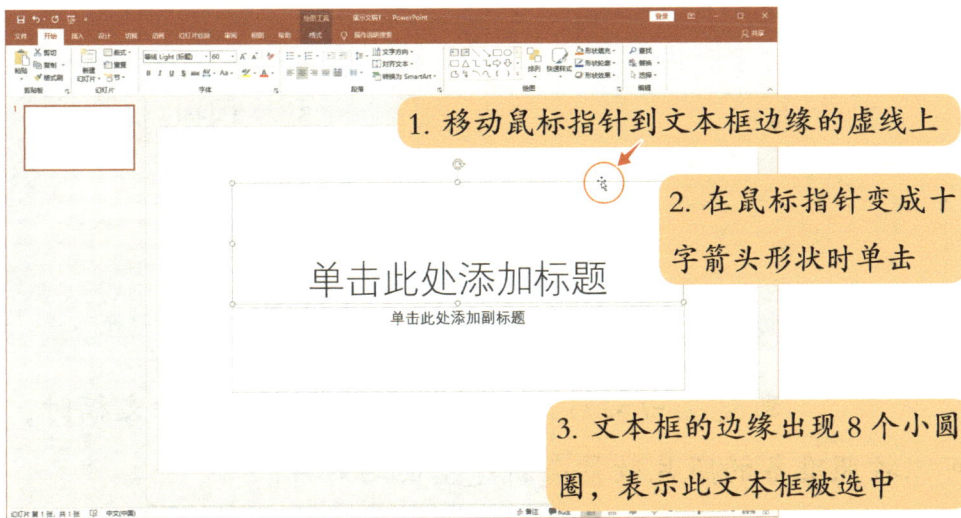

1. 移动鼠标指针到文本框边缘的虚线上

2. 在鼠标指针变成十字箭头形状时单击

3. 文本框的边缘出现 8 个小圆圈，表示此文本框被选中

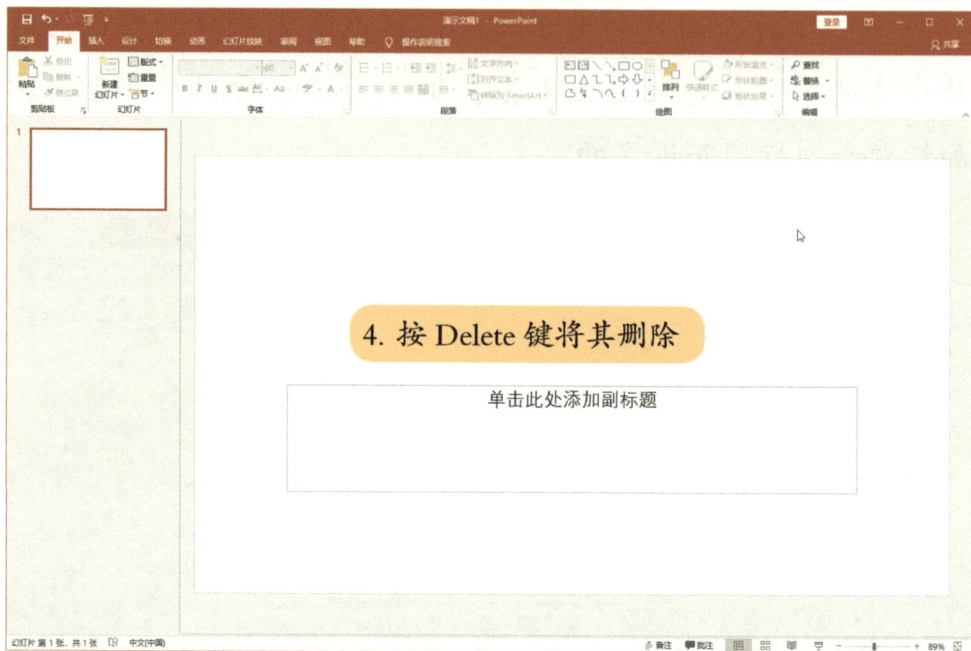

4. 按 Delete 键将其删除

单击此处添加副标题

💡 小智提示

在 PowerPoint 中，用框选的方式可以快速删除多个对象。

1. 按住鼠标左键并拖曳进行框选

2. 一次选择多个对象

3. 按 Delete 键删除

步骤 5 新建空白幻灯片。在制作电子相册演示文稿时，可以按照准备的照片数量来新建空白幻灯片。

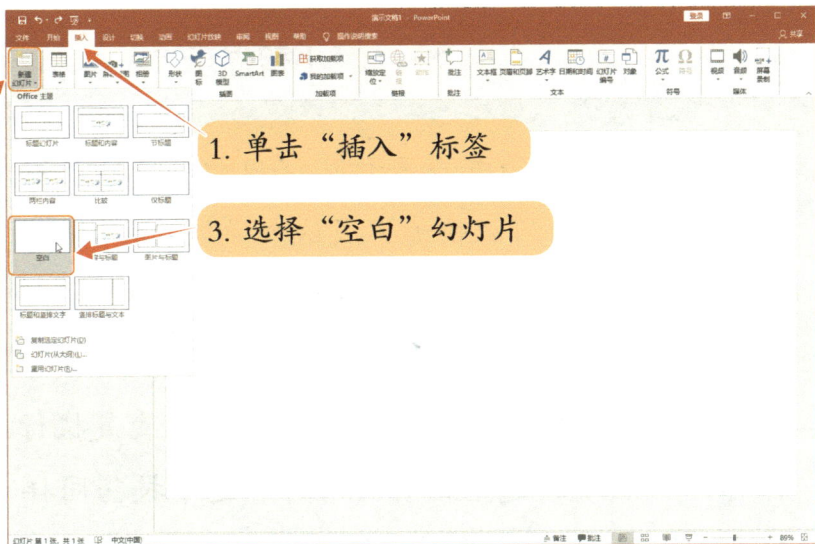

2. 单击
"新建幻
灯片"右
方的下三
角按钮

1. 单击"插入"标签

3. 选择"空白"幻灯片

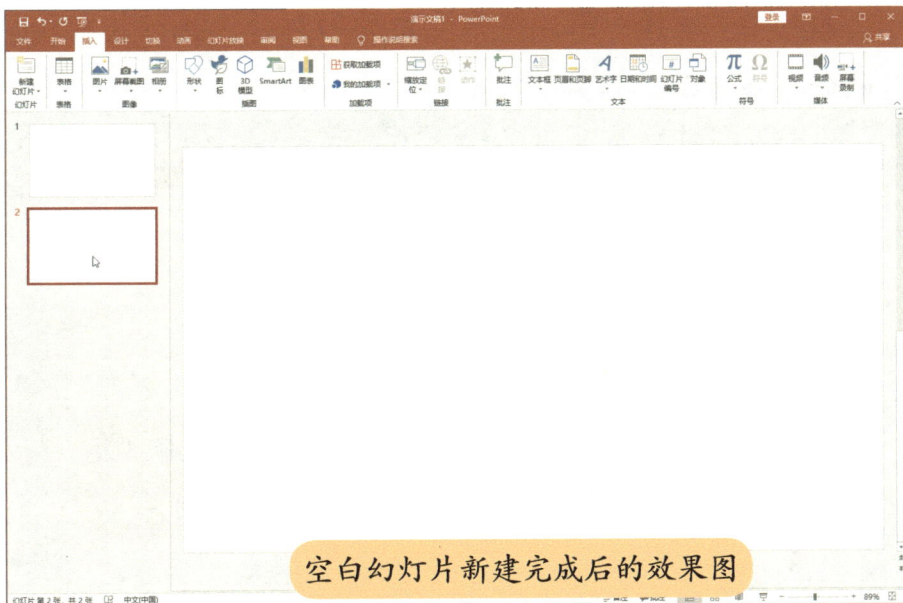

空白幻灯片新建完成后的效果图

步骤 6　继续执行新建空白幻灯片的操作，直到准备好制作本实例需要的幻灯片张数。

小智提示

　　如果只用这种方式来新建空白幻灯片，是不是觉得很麻烦呢？有没有可以快速完成这个操作的方法呢？

　　有两个实用的小技巧。

　　技巧 1：在完成步骤 5 的操作并且新建的空白幻灯片出现后，马上按 F4 键，可以让 PowerPoint 重复执行上一步的操作——继续新建空白的幻灯片。这个技巧同样可以用于 Office 的 Word、Excel 等软件中。

　　技巧 2：选择一张或多张空白的幻灯片，执行复制和粘贴的命令来添加幻灯片。

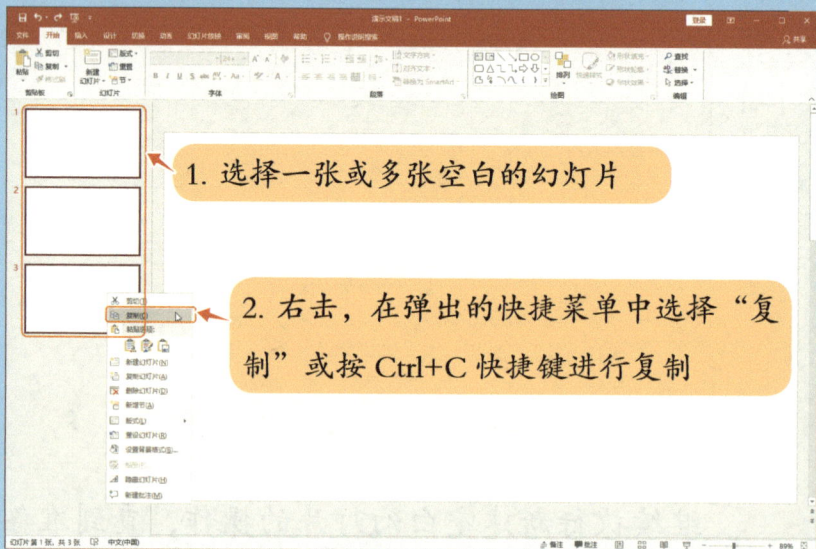

1. 选择一张或多张空白的幻灯片

2. 右击，在弹出的快捷菜单中选择"复制"或按 Ctrl+C 快捷键进行复制

3. 按 Ctrl+V 快捷键
进行粘贴

　　这两个操作技巧也可以配合使用。先添加几张空白幻灯片，然后对多张幻灯片进行复制和粘贴，再重复按F4键，就可以更加快速地添加更多空白幻灯片了。

步骤 7　保存演示文稿。

2. 选择"浏览"选项

1. 单击"另存为"按钮

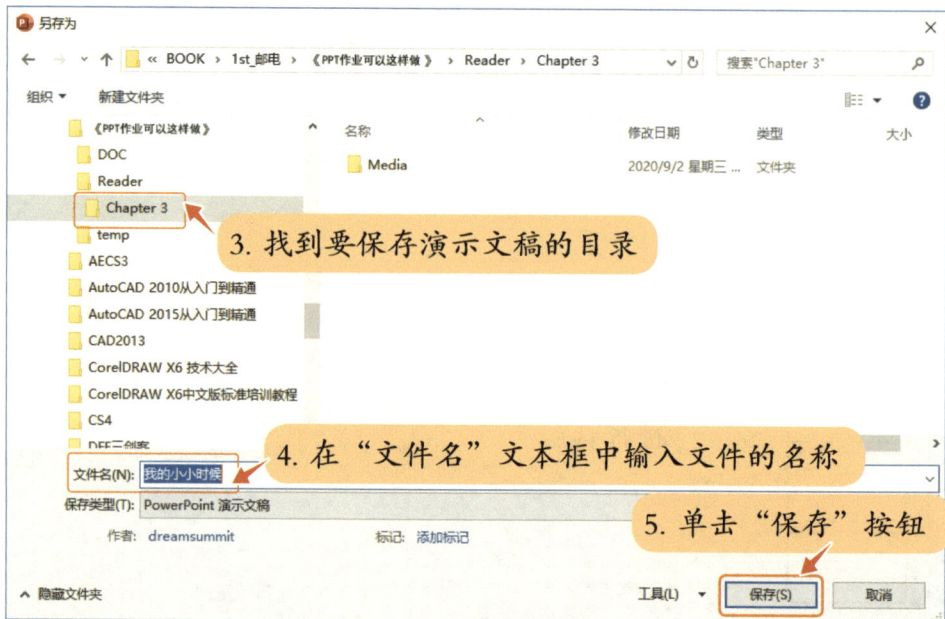

步骤 8　　在 PowerPoint 工作窗口的标题栏中会显示出保存的文件名称。

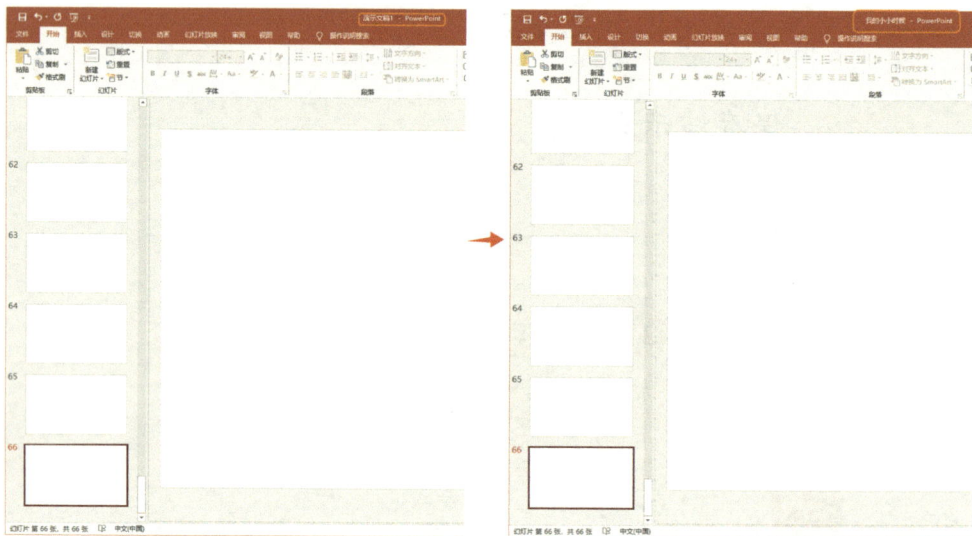

第3节　设置统一的幻灯片背景

在制作演示文稿时，通常会设置统一的幻灯片背景图像来让整个演示文稿的画面内容保持同样的基础风格，这样还可以省去重复编辑背景的操作，提高工作效率。

步骤1　展开"设置背景格式"面板。

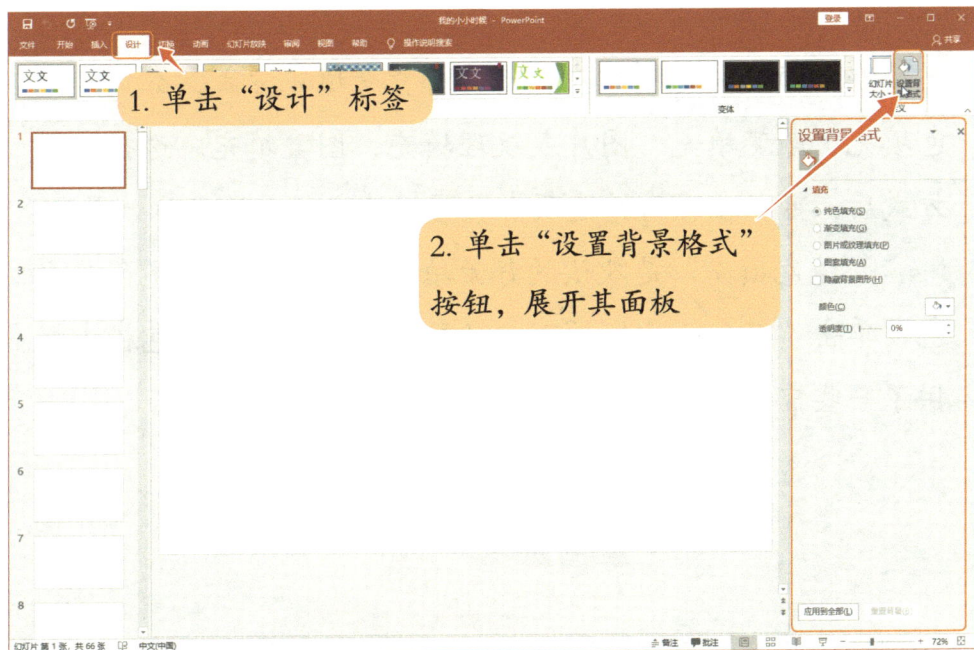

1. 单击"设计"标签

2. 单击"设置背景格式"按钮，展开其面板

小智提示

在 PowerPoint 工作窗口中可以使用快捷菜单设置背景格式。

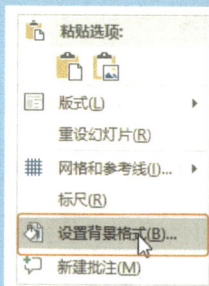

小智小课堂

在"填充"选项组中，有4种背景填充方式，分别是纯色填充、渐变填充、图片或纹理填充、图案填充。选择一种方式后，可以在下面的选项中设置该填充方式的具体效果。

"纯色填充"是默认的背景填充方式，默认填充色为白色。单击"颜色"右侧的下三角按钮后，弹出的颜色板中提供了一些常用的主题颜色和标准色。

如果颜色板中没有想要的颜色，那么可以单击"其他颜色"，在弹出的对话框中选择更多颜色；也可以在"自定义"选项卡中通过直接选择或输入数值的方式，设置想要的颜色及其透明度。

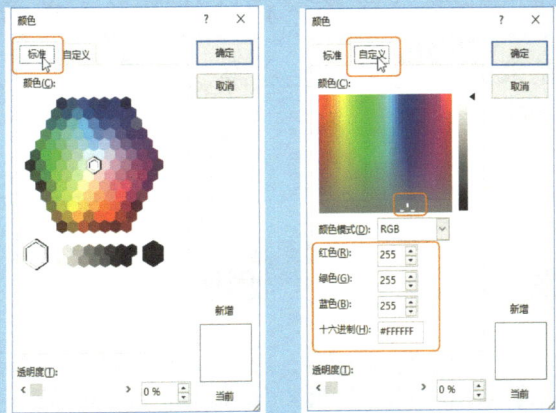

在设置纯色填充时，还可以通过拖动滑块或调整数值来设置填充色的透明度。

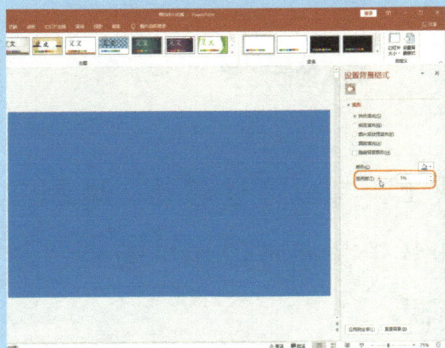

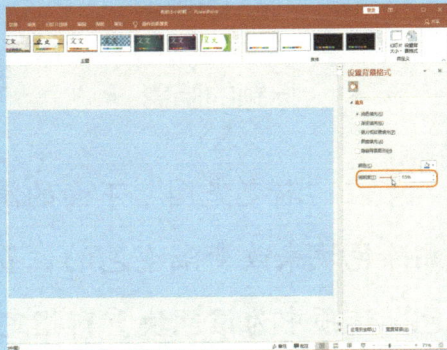

"渐变填充"用于为幻灯片设置渐变色的填充背景。

单击"预设渐变"后面的下三角按钮，在出现的下拉列表中，可以选择软件提供的渐变样式。

在"类型"下拉列表中，可以选择渐变效果的类型，包括线性、射线、矩形、路径、标题的阴影（根据标题文本框的范围和位置来为标题文字生成渐变背景效果）。

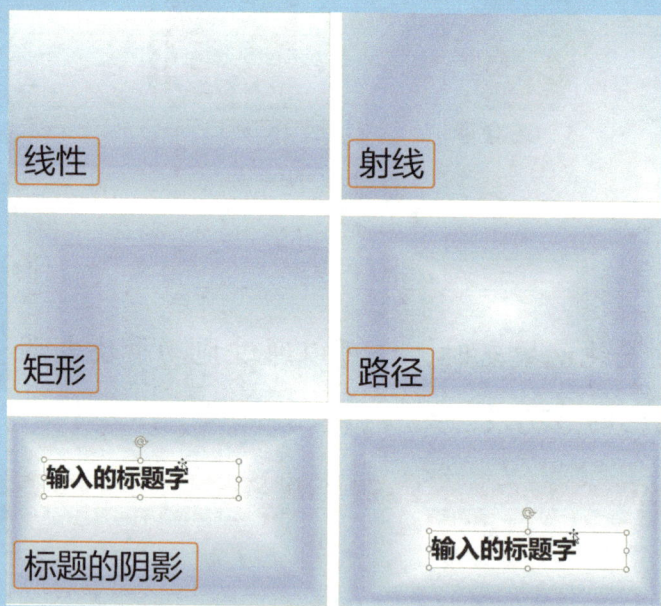

在"渐变光圈"下面的滑块上，可以通过移动、增加、删除色块来改变渐变色的位置和数量，也可以在下面的"颜色"选项中为该色块重新指定颜色。

在"位置"选项中，可以通过调整数值，为选择的色块设置准确的位置。

在"透明度"选项中，可以为选择的色块单独设置透明度的数值。

在"亮度"选项中调整数值，可以为选择的色块设置亮度。

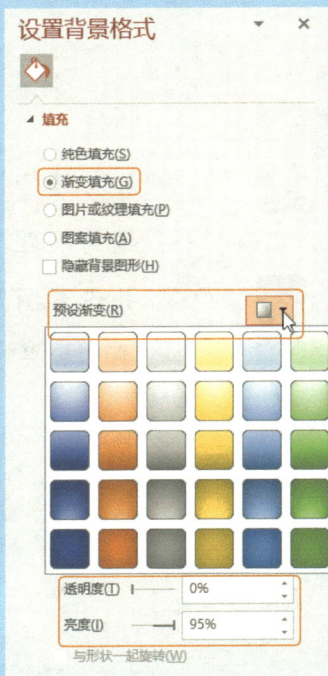

"图片或纹理填充"用于插入图片或选择纹理来填充幻灯片背景。

在"图片源"选项中可以插入外部图像来进行背景填充。

单击"纹理"右侧的下三角按钮，从下拉列表中可以挑选软件预设的一些纹理图片。

取消勾选"将图片平铺为纹理"复选框，可以对单张纹理图片进行尺寸拉伸来填充幻灯片。

1. 选择"图片或纹理填充"单选按钮

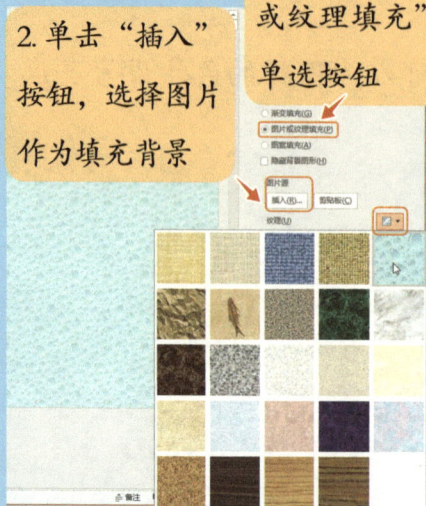

2. 单击"插入"按钮，选择图片作为填充背景

3. 勾选"将图片平铺为纹理"复选框并设置图片填充的平铺效果

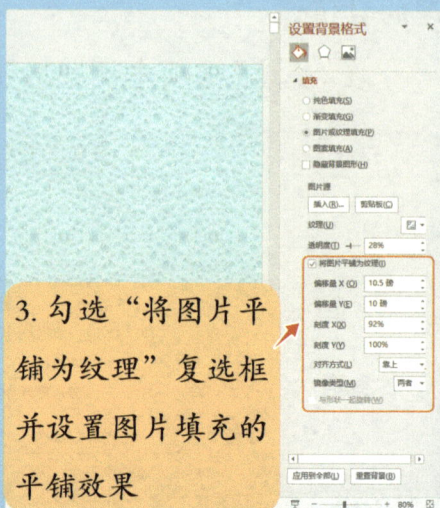

取消勾选

　　"图案填充"用于在下面的图案列表中选取一种图案，对幻灯片进行背景填充。在"前景""背景"选项中，还可以分别设置图案的前景色和背景色。

设置图案前景色

设置图案背景色

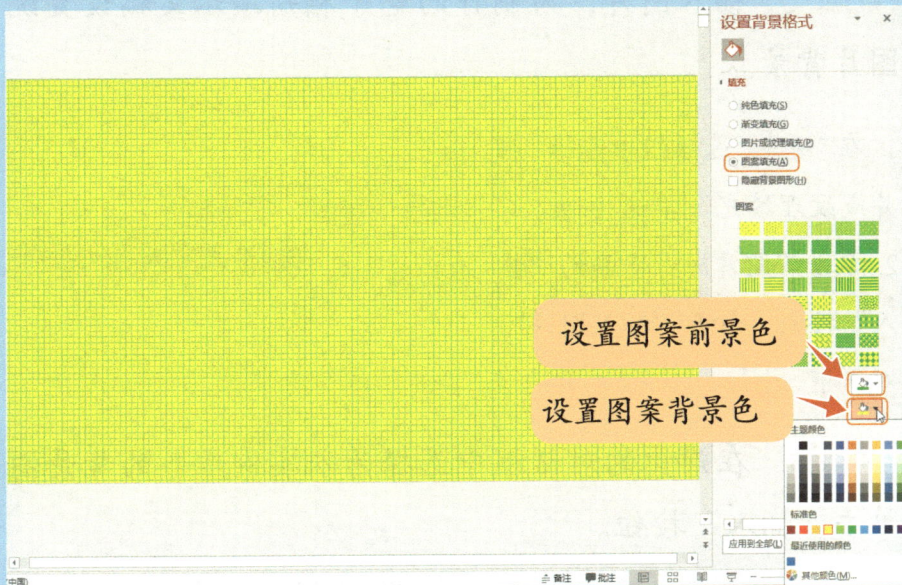

在幻灯片已经设置了母版中的背景图形的情况下，"隐藏背景图形"用于隐藏该母版背景图形，而以在此设置的背景图形为当前幻灯片的背景图形。

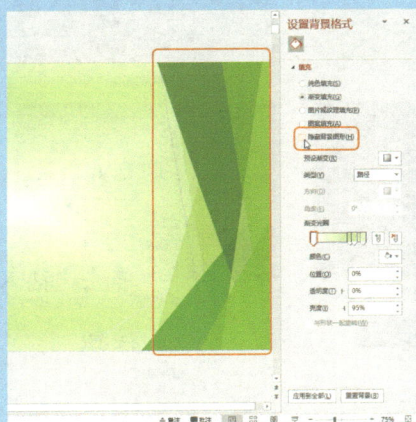

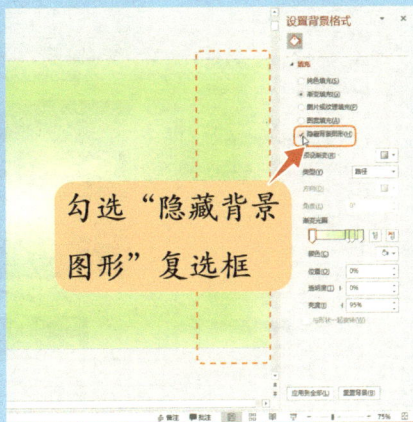

勾选"隐藏背景
图形"复选框

步骤 2　插入图片，为制作的电子相册演示文稿设置统一的图片背景。

> 1. 在"填充"选项组中选择"图片或纹理填充"单选按钮
> 2. 单击"图片源"下面的"插入"按钮，打开"插入图片"对话框

插入图片

来自文件
浏览计算机或本地网络中的文件

联机图片
在必应、Flickr 或 OneDrive

自图标
搜索图标集合

> 3. 单击"来自文件"

步骤 3　在弹出的对话框中选择为本实例准备的背景图片并单击"插入"按钮。

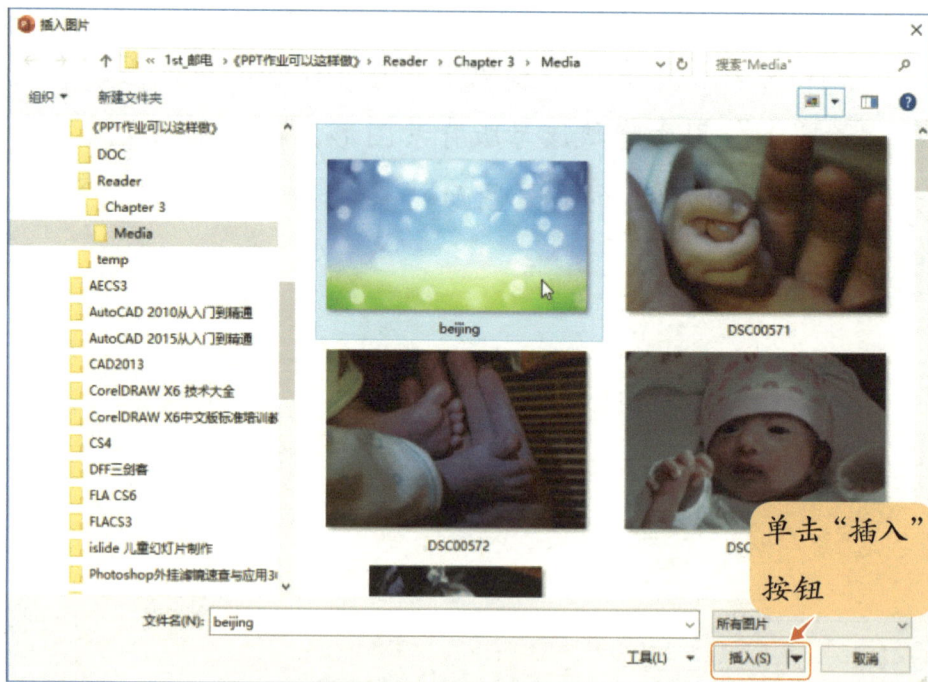

> 单击"插入"按钮

步骤 4　应用图片背景。

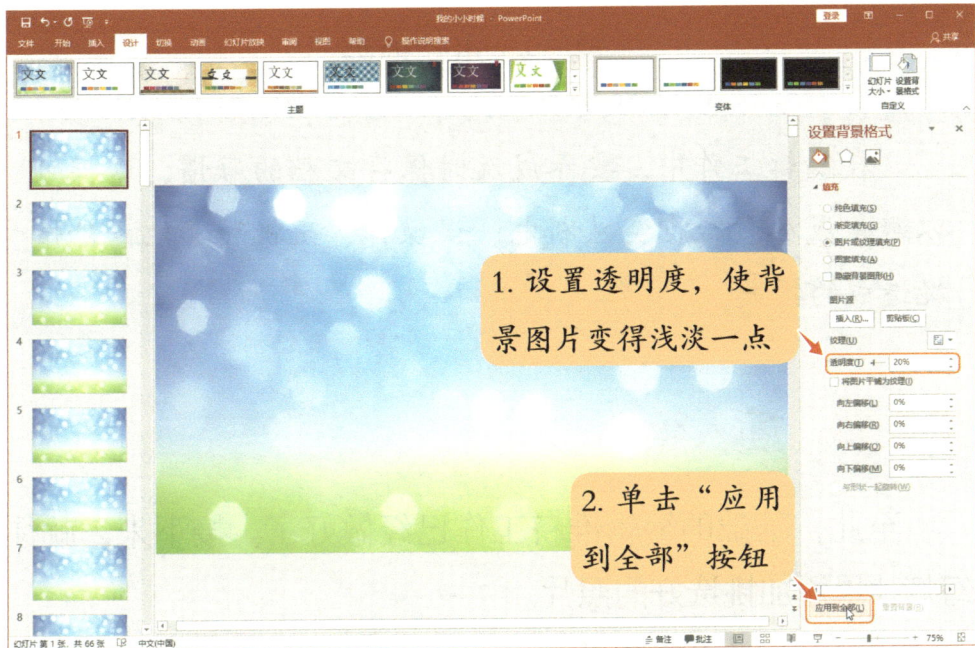

小智提示

　　"重置背景"按钮可用于将当前幻灯片的背景样式恢复成原始状态，再配合使用"应用到全部"按钮，可以很方便地对所有幻灯片的背景样式进行重置。

　　步骤 5　选择"文件"→"保存"命令或按 Ctrl+S 快捷键，对完成的文稿进行保存。

小智提示

在编辑工作中，要养成及时保存文档的习惯，这样可以避免或尽量减少突然断电、误操作、死机和其他意外情况造成的损失。

第4节 插入照片

至此，基础的编辑准备工作已经做好了。接下来，就往幻灯片里添加挑选好的照片。

步骤 1 准备插入图片。

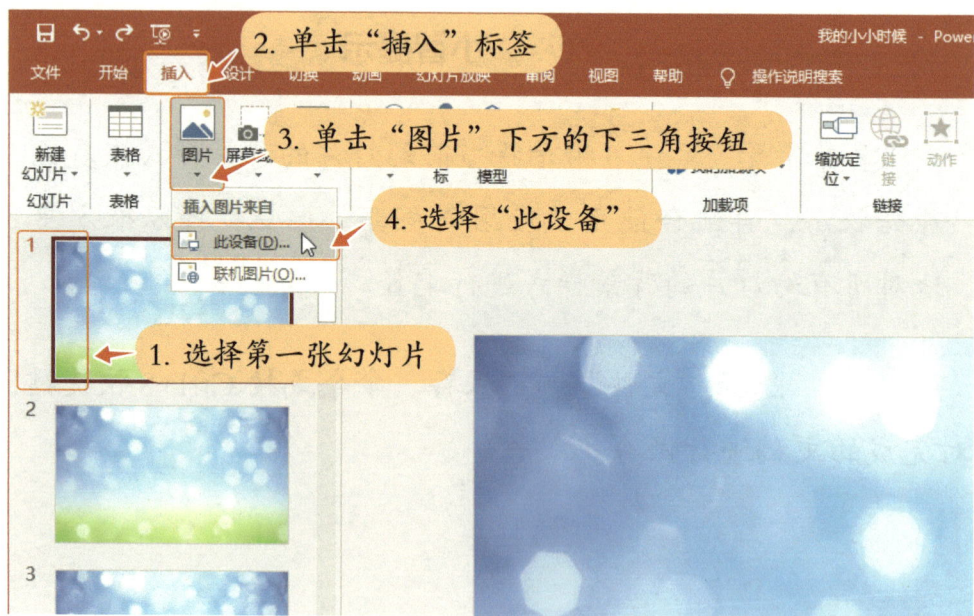

步骤 2 选择要插入的照片。

配套学习资源 \Reader\Chapter 3\Media\photo(1).jpg

1. 选择照片

2. 单击"插入"按钮

步骤 3 在工作界面中查看照片。

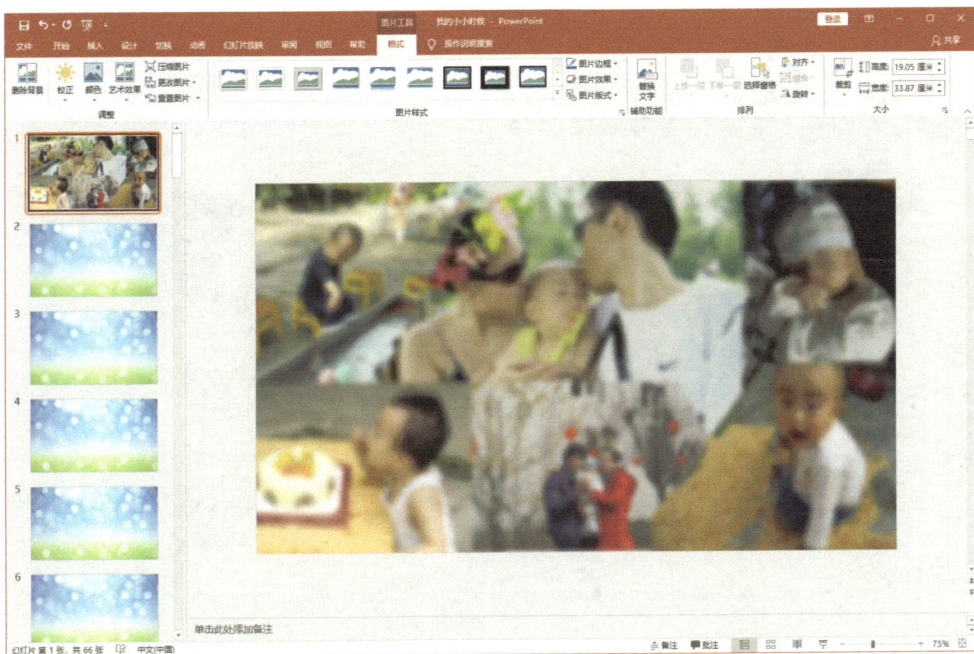

步骤 4 执行同样的插入图片操作，插入为本实例准备的第二张照片"photo(2).jpg"。

小智提示

在插入文件夹中的图片时，可以采用拖曳图片的方法，快速完成图片插入操作。

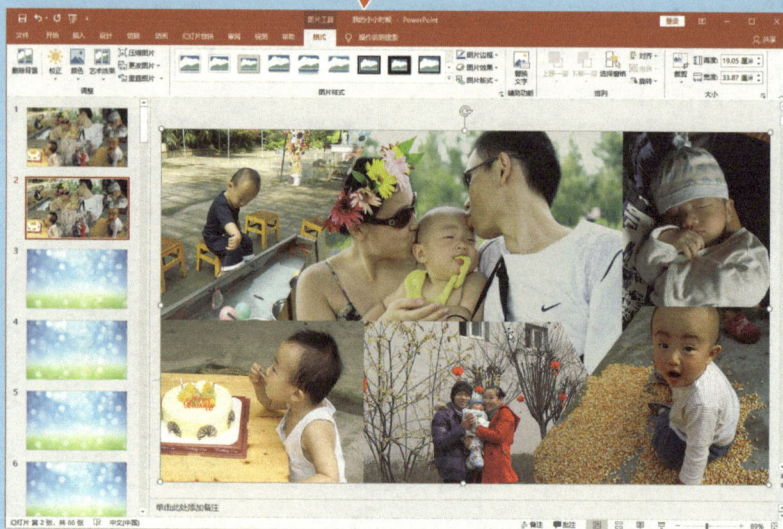

配套学习资源 \Reader\Chapter 3\Media\photo(2).jpg

选择图片，按住鼠标左键拖曳图片至幻灯片编辑窗口

步骤 5 在插入第三张照片时，发现照片在幻灯片中的显示比例有点小，其实这不是因为照片的尺寸小，而是因为照

片的宽高比和幻灯片的宽高比不一致。

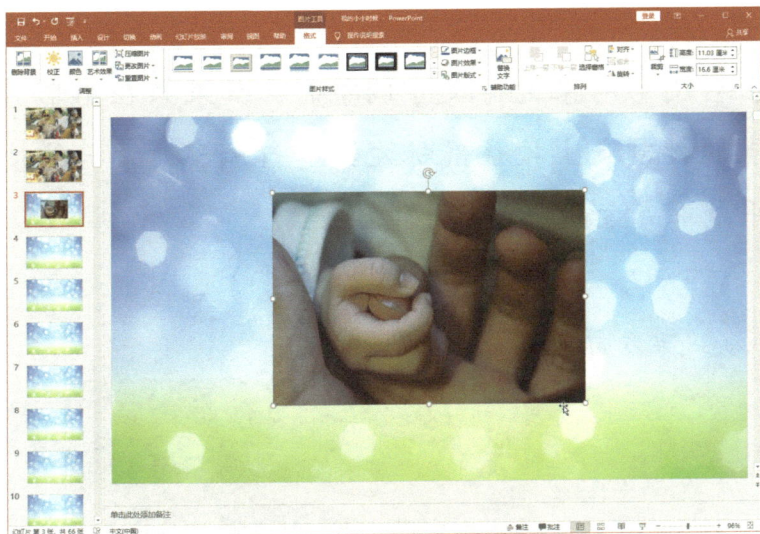

步骤 6　适当调整插入的照片的尺寸。

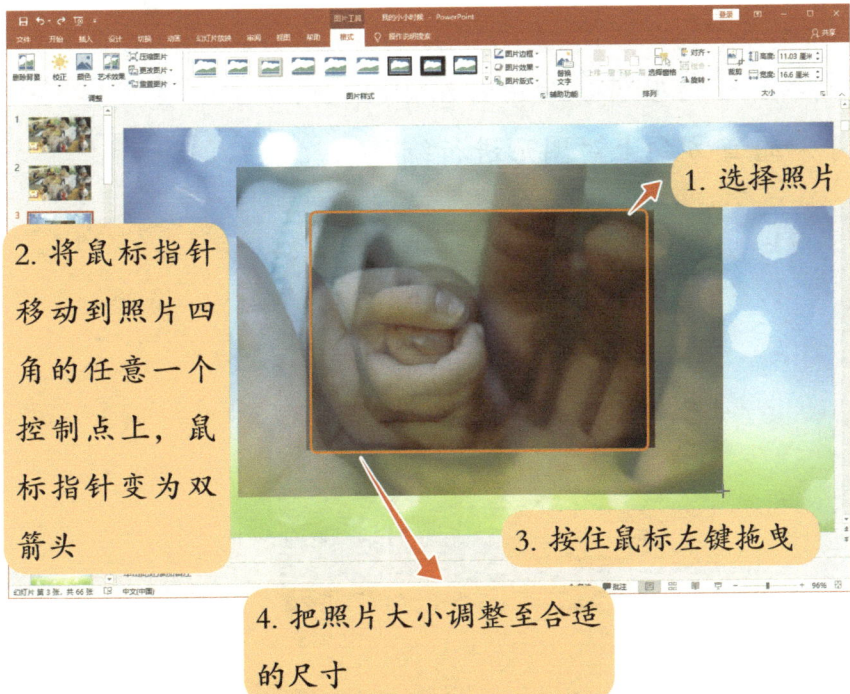

1. 选择照片

2. 将鼠标指针移动到照片四角的任意一个控制点上，鼠标指针变为双箭头

3. 按住鼠标左键拖曳

4. 把照片大小调整至合适的尺寸

小智提示

在对图形对象进行尺寸调整时，如果只在图形对象四边中点的控制点上按住鼠标左键进行调整，就只能使图形在水平或垂直方向上放大或缩小。

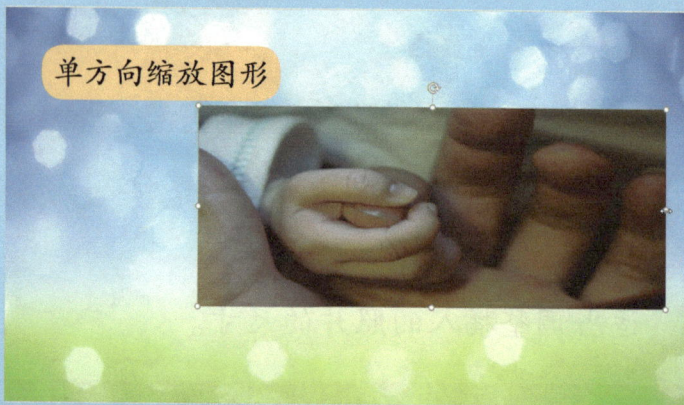

单方向缩放图形

只有对图形对象四角的控制点进行调整，才可以同时在水平和垂直方向上对图形进行缩放。

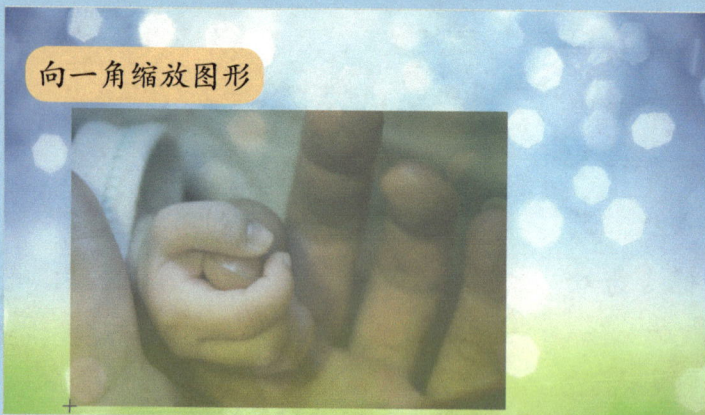

向一角缩放图形

步骤 7 旋转图形对象。

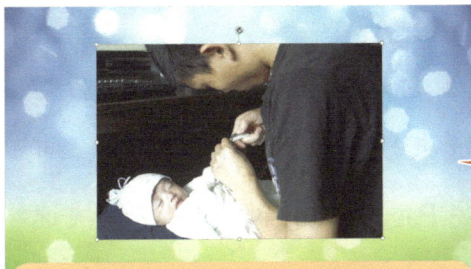

1. 将鼠标指针移动到照片外侧的一个旋转控制点上，鼠标指针的形状变为旋转箭头

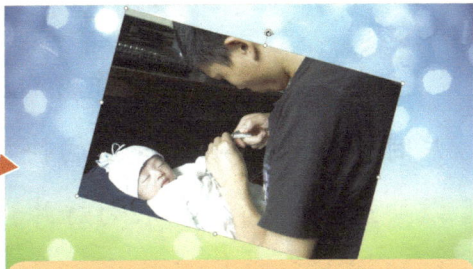

2. 按住鼠标左键并向左右拖曳，调整图形的角度

步骤 8 以此类推，为每一张幻灯片插入对应序号的照片，并将照片调整到合适的大小、角度。

添加所有照片后的效果图

小智提示

在 PowerPoint 工作窗口左侧的幻灯片列表中选择幻灯片时，可以使用键盘上的快捷键来切换。按 PageUp 键，可以快速切换到上一张幻灯片；按 PageDown 键，则可以快速切换到下一张幻灯片。

步骤 9 单击 PowerPoint 工作窗口左上角的"保存" ⊟ 按钮或按 Ctrl+S 快捷键，对完成的演示文稿进行保存。

第 5 节　编辑标题文字

接下来，开始为电子相册演示文稿进行标题文字的编辑工作。

在本实例中，插入照片时安排了两张片头照片，第一张是模糊处理的开始图像（它是用 Photoshop 拼合成的照片），第二张是没有进行模糊处理的照片。这样设计的用意是先展示出模糊的照片，再逐渐显现出清晰的照片，最后显示出电子相册的标题。因此，接下来将实现把标题文字添加在第二张幻灯片里这一操作。

步骤 1 插入文本框。

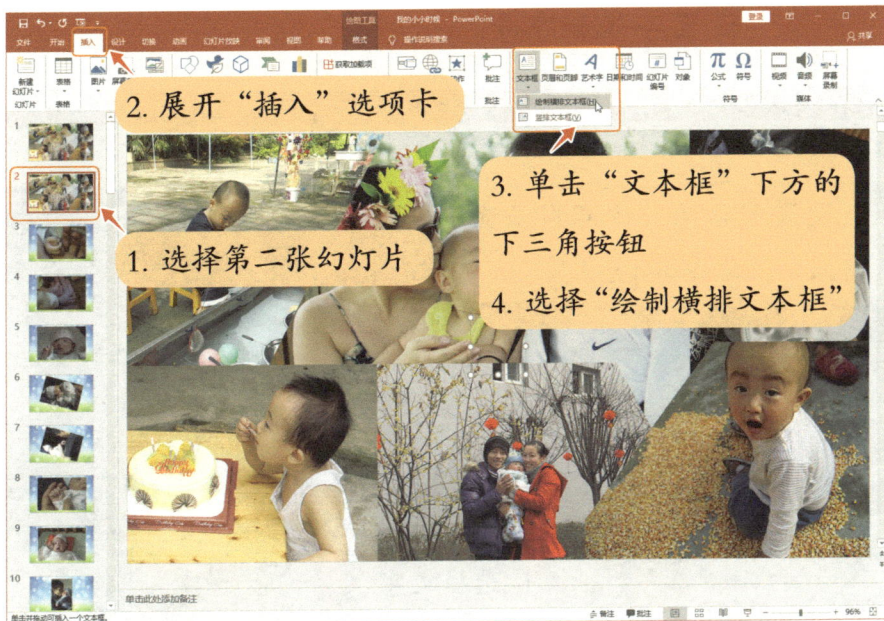

2. 展开"插入"选项卡

3. 单击"文本框"下方的下三角按钮

4. 选择"绘制横排文本框"

1. 选择第二张幻灯片

步骤 2　输入文字。在"我的"和"小时候"中间留一个空格，在后面的步骤中会再加一个"小"字进去。

在文本框中输入标题文字："我的　小时候"

步骤 3 设置字体和字号。

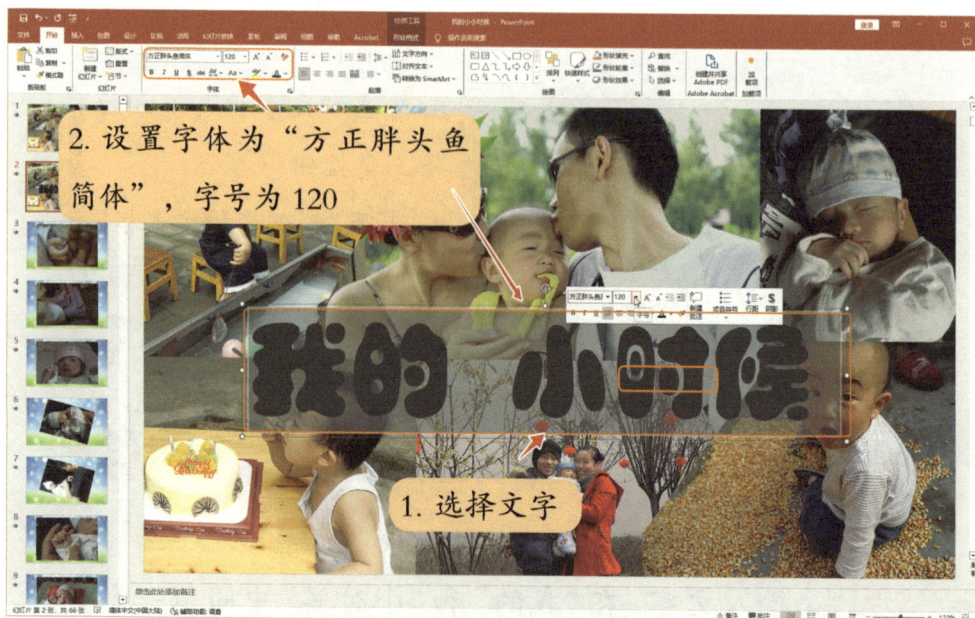

2. 设置字体为"方正胖头鱼简体"，字号为 120

1. 选择文字

💡 小智提示

　　矩形文本框不会随着文字内容的缩放而自动调整大小，需要手动调整文本框的大小及位置，以得到可以显示出全部文字内容的尺寸的文本框。

步骤 4 设置文字颜色。

步骤 5 复制标题文字。

小智提示

除了 Ctrl+C、Ctrl+V 快捷键之外，在选择对象后按 Ctrl+D 快捷键，也可以直接复制一个新的对象。

步骤 6 制作标题文字的投影效果。

2. 将其填充色修改为白色

1. 选择新复制出的标题文字对象

3. 将其往左移动一点，制作出文字的投影效果

步骤 7 选择椭圆工具。

1. 单击"插入"标签

2. 单击"形状"下方的下三角按钮

3. 选择"椭圆"工具

步骤 8　绘制圆。

1. 在鼠标指针变成十字形状后，移动鼠标指针到标题文字中的空格上方

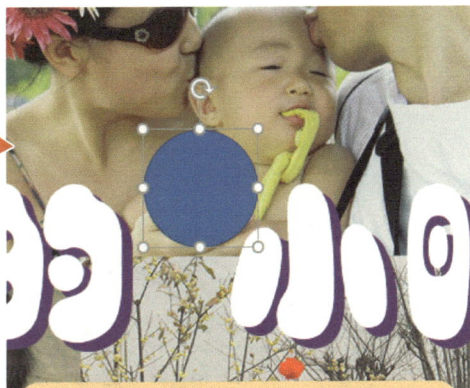

2. 按住 Shift 键，同时按住鼠标左键，拖曳鼠标绘制出合适大小的圆

小智提示

在使用椭圆工具绘制图形时，搭配不同的按键会有不同的效果。

- 不按任何按键，可以绘制任意形状的椭圆。
- 按住 Shift 键的同时进行绘制，可以绘制出圆。
- 按住 Ctrl 键的同时进行绘制，可以绘制出以光标所在的位置为圆心、向水平或垂直方向同步伸展的椭圆。
- 按住 Shift+Ctrl 快捷键的同时进行绘制，可以绘制出以光标所在的位置为圆心、向水平和垂直方向同步伸展的圆。

在绘制其他图形（如矩形、三角形、多边形等图形）时，这些按键配合绘制的功能也有效。

步骤9　设置填充色。

2. 单击"格式"标签

3. 单击"形状填充"下拉列表

4. 选择填充色为白色

1. 将圆移动到标题文字中的空格上方

步骤 10 设置文字属性。

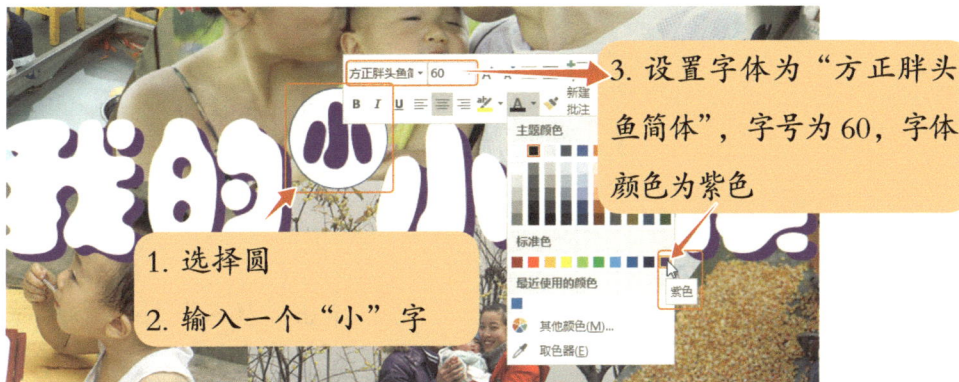

1. 选择圆
2. 输入一个"小"字

3. 设置字体为"方正胖头鱼简体"，字号为60，字体颜色为紫色

步骤 11 保存文件。标题文字编辑好后按 Ctrl+S 快捷键，进行保存。

第6节　让演示文稿唱起歌来：添加背景音乐

在本节中，为演示文稿添加背景音乐，让这个电子相册在播放时有优美音乐的配合。

步骤 1 执行"PC 上的音频"命令。

2. 单击"插入"标签

1. 选择第一张幻灯片

3. 单击"音频"下方的下三角按钮
4. 执行"PC 上的音频"命令

步骤 2 选择背景音乐文件。在弹出的"插入音频"对话框中，选择为本实例准备的背景音乐文件"bgmusic.mp3"。

配套学习资源 \Reader\Chapter 3\Media\bgmusic.mp3

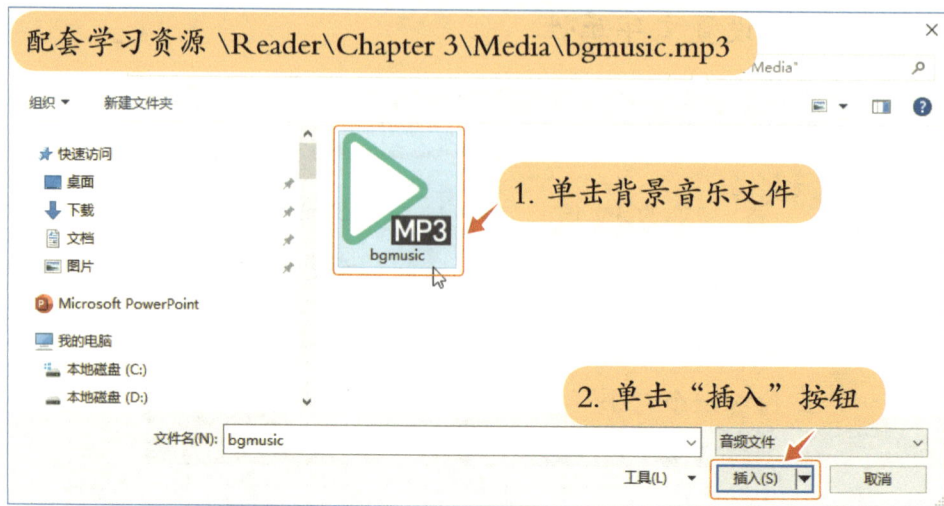

1. 单击背景音乐文件

2. 单击"插入"按钮

步骤 3 播放插入的背景音乐。

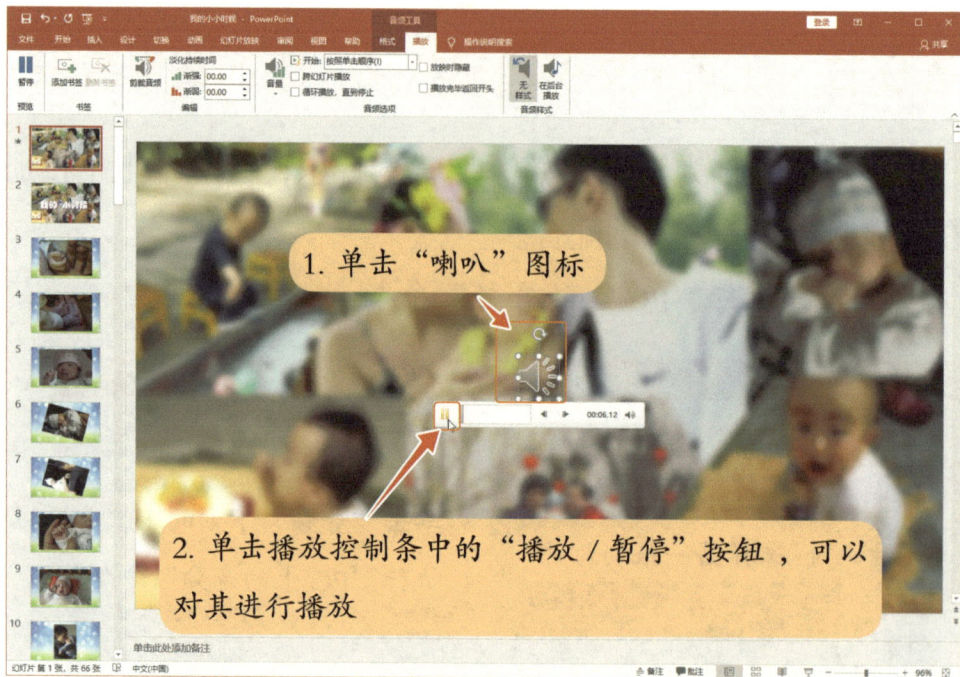

1. 单击"喇叭"图标

2. 单击播放控制条中的"播放 / 暂停"按钮，可以对其进行播放

步骤 4 设置音频播放选项，使音频在幻灯片开始放映当前页时自动播放。

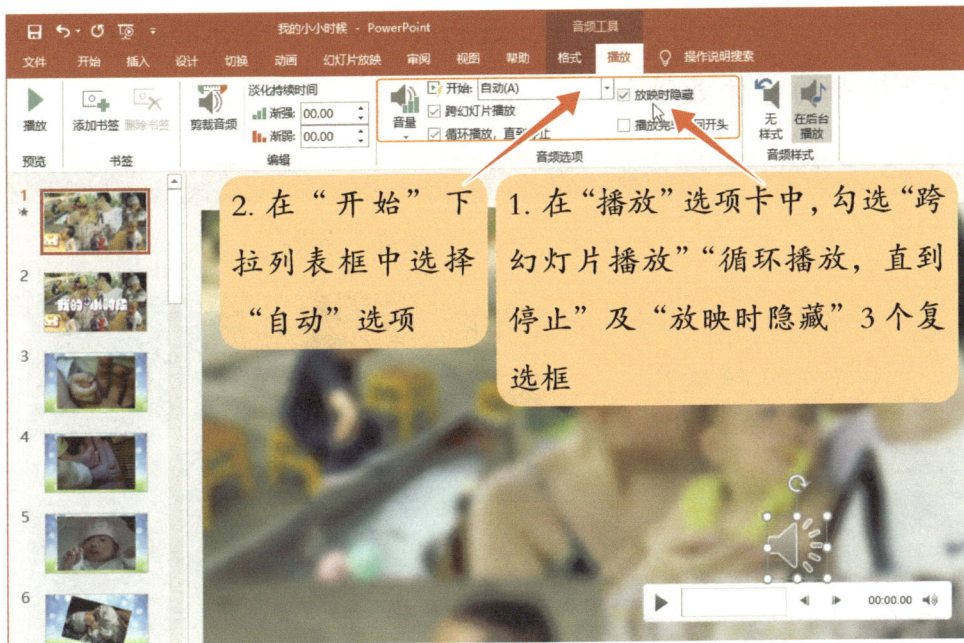

2. 在"开始"下拉列表框中选择"自动"选项

1. 在"播放"选项卡中，勾选"跨幻灯片播放""循环播放，直到停止"及"放映时隐藏"3个复选框

💡 小智提示

常用的音频播放选项如下。

• 跨幻灯片播放：若勾选，则使音乐在幻灯片切换时继续播放；如果不勾选，则只在插入音频的那张幻灯片中播放，当幻灯片切换到下一张时，该音频将停止。

• 循环播放，直到停止：若勾选，在音频播放完毕且幻灯片还没有退出放映时，音频将继续播放；若不勾选，则音频播放一遍后就自动停止。

• 放映时隐藏：若勾选，在幻灯片放映时将隐藏音频对象图标；若不勾选，则会始终显示音频对象图标。

步骤5 按Ctrl+S快捷键,进行保存。背景音乐设置好以后, 电子相册的整体效果基本完成。

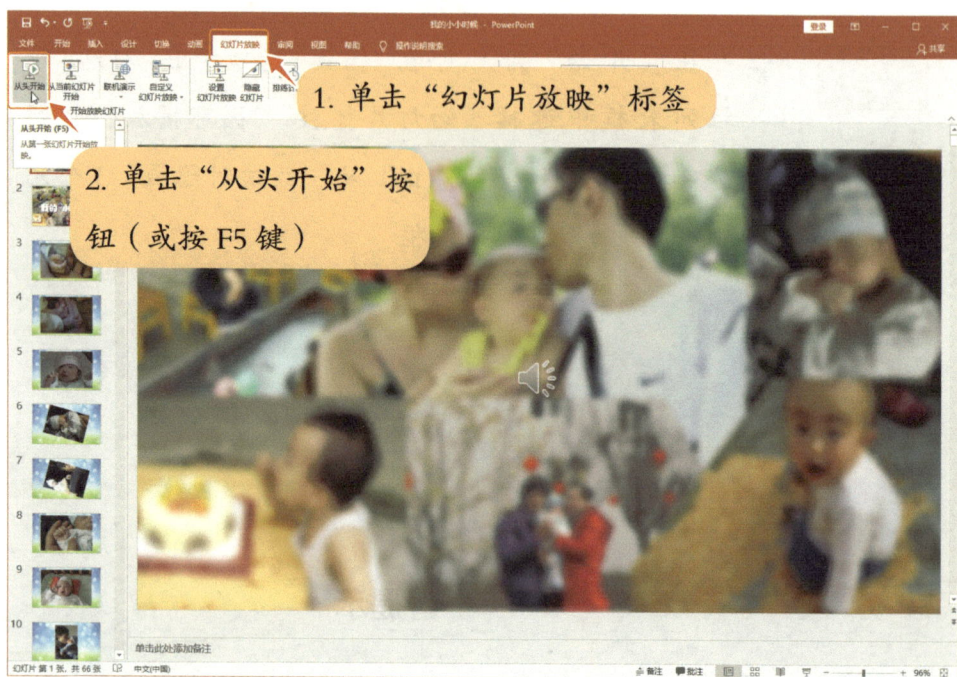

1. 单击"幻灯片放映"标签

2. 单击"从头开始"按钮(或按F5键)

🔆 小智提示

在进行放映时,PowerPoint会全屏播放当前的幻灯片, 预览完要查看的内容后需要按Esc键,或在放映画面中右击, 在弹出的快捷菜单中选择"结束放映"来执行退出操作, 回到PowerPoint的编辑窗口。

第7节　设置切换效果

前面的幻灯片在播放时是直接切换的，这显得有些生硬。在本节中，我们完成对幻灯片切换效果的设置，使幻灯片放映起来更加流畅自然。

步骤 1　应用淡入 / 淡出切换效果。

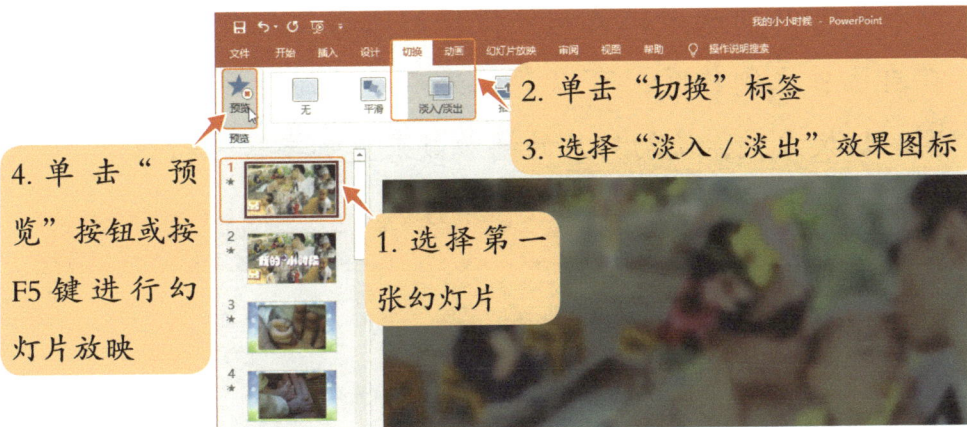

步骤 2　播放切换设置。设置幻灯片在放映时每 5 秒自动播放下一张幻灯片，也可以通过单击随时切换到下一张，并将切换设置应用于演示文稿中的所有幻灯片。

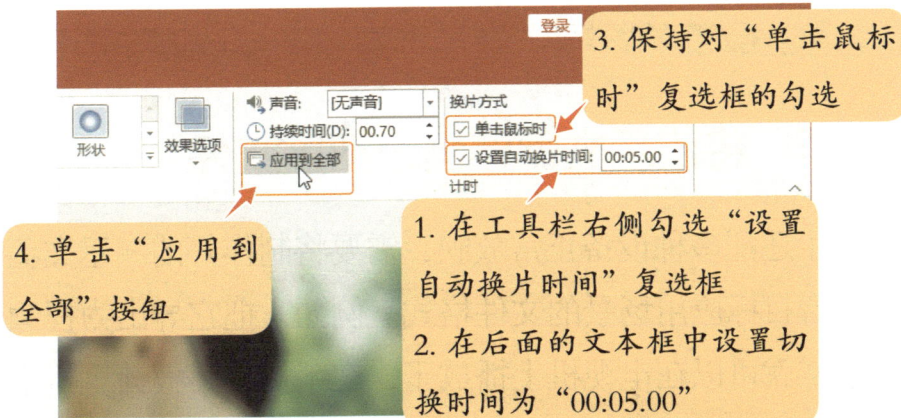

步骤 3 按 Ctrl+S 快捷键，保存切换效果。电子相册的编辑工作全部完成，按 F5 键可以进行幻灯片放映。

💡 **小智提示**

单击"切换到此幻灯片"栏右侧的"其他"▼按钮，可以在展开的列表中挑选软件提供的所有幻灯片切换效果。在自己独立制作时，可以尝试为不同的幻灯片分别应用不同的切换方式，使幻灯片的播放效果更加丰富、精彩。

第 8 节　将演示文稿导出为视频文件

为了适配多种设备正常放映，需要将制作好的演示文稿导出为适合目标应用场景的文件格式。例如，把它导出为视频文件，这样就可以在电视机上播放了，在手机、平板计算机上不安装 PowerPoint 软件也可以直接播放。

步骤 1　选择输出视频尺寸。根据需要，选择导出视频的画面分辨率，例如"全高清（1080p）"。

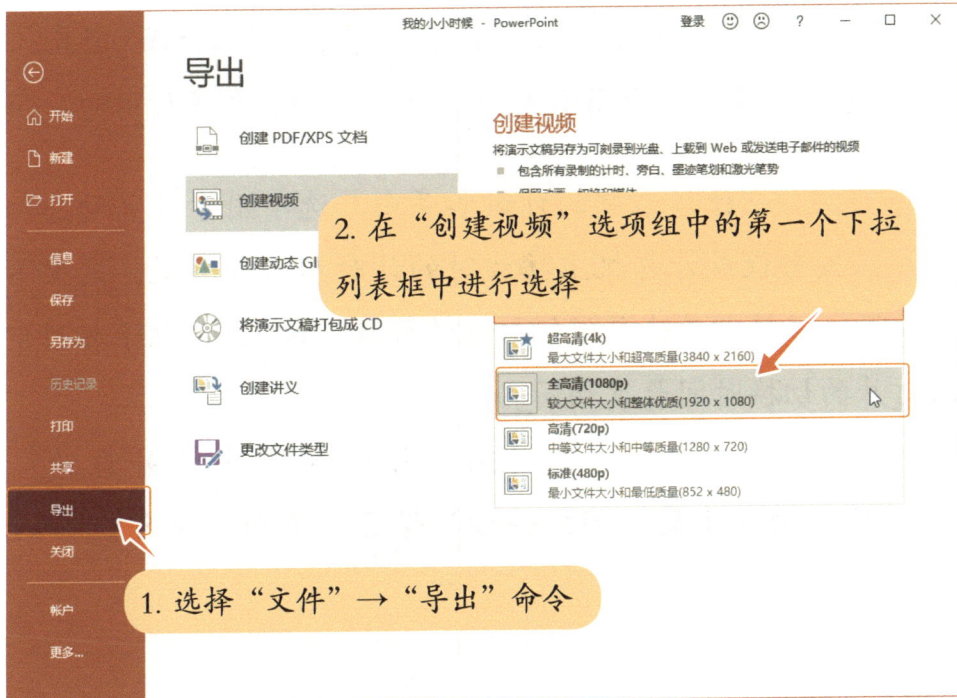

2. 在"创建视频"选项组中的第一个下拉列表框中进行选择

1. 选择"文件"→"导出"命令

小智提示

　　选择的视频画面分辨率越高，导出的视频就越清晰，但文件尺寸也会越大。因此，要根据实际需要来选择。

　　如果在手机、平板计算机、计算机或普通的液晶电视上播放，那么选择"高清（720p）"和"全高清（1080p）"都比较合适。

如果在 4K 分辨率的计算机显示器或电视机上播放，就可以选择"超高清（4k）"来导出超高清视频。

如果幻灯片中应用的图像素材本身分辨率就不很高，选择"超高清（4k）"也不会得到非常高清的视频画面。因此，在一般情况下，"全高清（1080p）"选项适合多种用途。

步骤 2 "使用录制的计时和旁白"选项用于设置动态幻灯片在投影仪或计算机上播放时的计时和语音解说，这里不做设置。保持"放映每张幻灯片的秒数"为 5，与电子相册中幻灯片的切换时间长度相同。

步骤 3 单击"创建视频"按钮会弹出"另存为"对话框，为导出的视频文件设置保存目录和文件名。

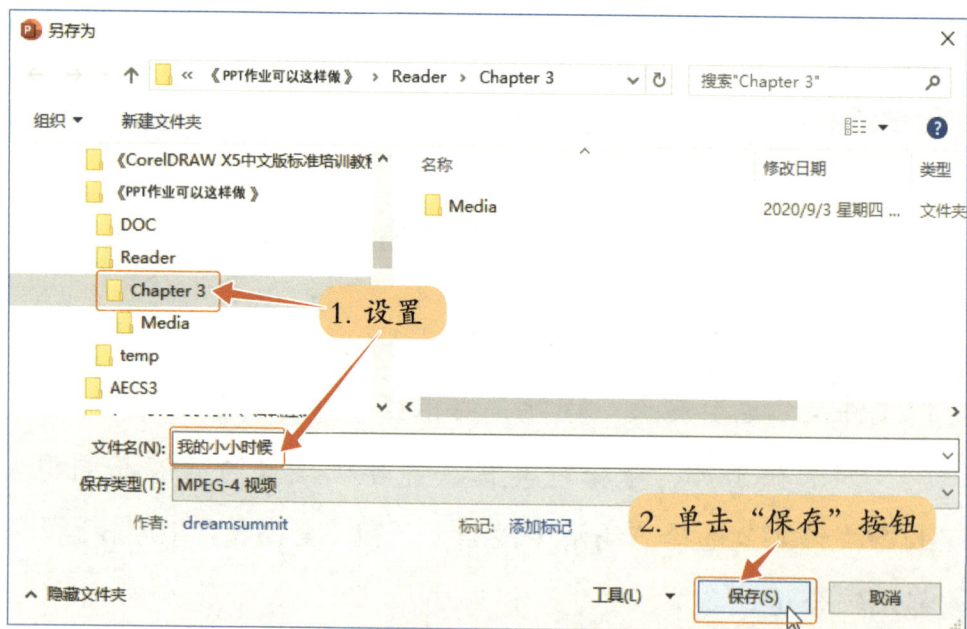

步骤 4　导出视频。PowerPoint 工作窗口下方的状态栏中会显示导出进度。

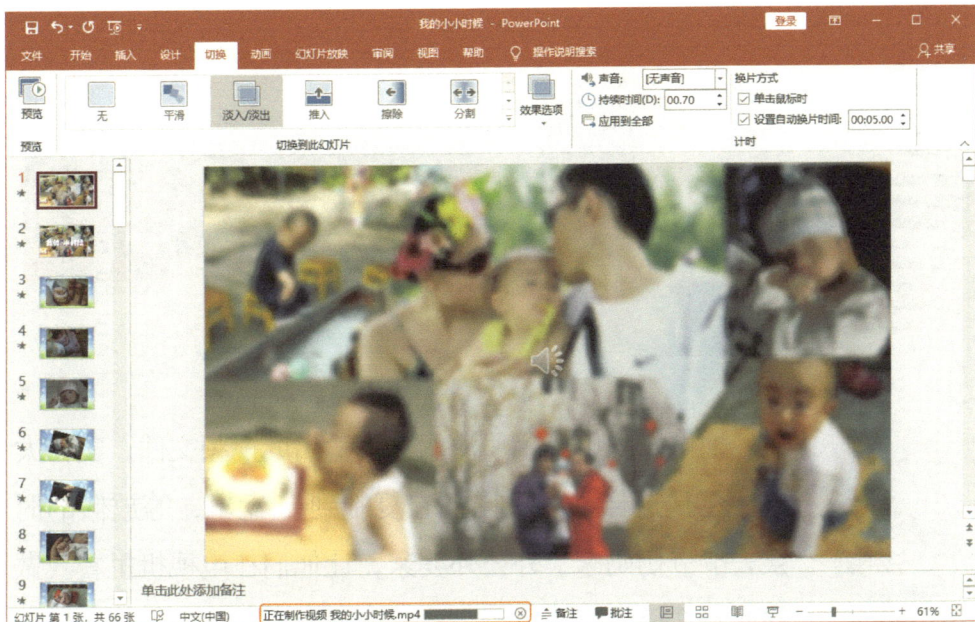

💡 **小智提示**

　　为保证导出过程顺利完成，在软件导出视频的过程中，暂时不要做其他的操作。

步骤 5　打开保存视频的文件夹，就可以查看和播放生成的幻灯片视频了。

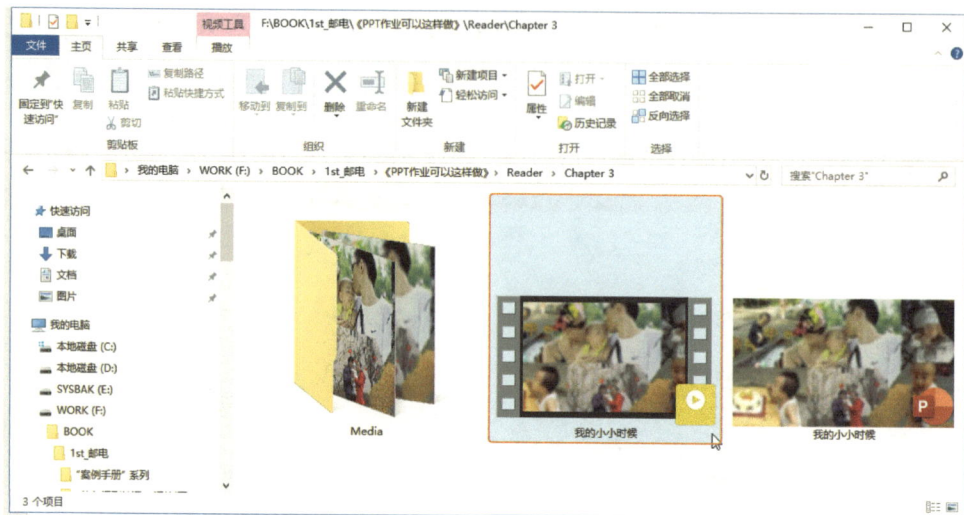

哇！把做好的电子相册演示文稿输出成视频文件，实在太方便了！这样我就可以把它复制到 U 盘里，等放假的时候去爷爷奶奶家、外公外婆家，让他们在电视机里看我做的演示文稿。

嗯，是个好主意。现在你学会了制作演示文稿的基本方法，已经可以做出很多这种类型的演示文稿了。

哈哈，我太高兴了！我还要继续练习和学习使用更多的 PowerPoint 编辑功能，制作出更多更漂亮的演示文稿。

嗯，聪聪真棒！好了，我们来复习一下今天学习的电子相册演示文稿的制作过程，下次我们再学习 PowerPoint 的其他编辑功能吧。

第 **4** 课

语文课 PPT 作业：汉字的历史

做完纸质作业后，聪聪想起了老师安排的动手作业。

爸爸，今天我们语文老师布置了一个动手作业，要做一个演示文稿！

哦，要做一个什么样的演示文稿呀？

老师说，为了让我们对汉字的文化知识有更多的了解，要求我们利用这个周末的时间，和爸爸妈妈一起制作一个介绍汉字发展历史的演示文稿。爸爸，您能帮我吗？

其实聪聪想独立完成这个作业，可是他有点儿不自信，他知道还有好多功能他还没学过。

哈哈，聪聪呀，我们不是已经一起做过一个电子相册演示文稿了吗？其实大体的制作方法你都学过了。只是想要做出更好的作品，你的确还要多学习、多练习。爸爸可以帮你完成查找资料这类基础工作，然后我们一起整理演示文稿的内容，再共同完成演示文稿的编辑制作。

演示文稿的内容包括什么呢?

演示文稿的内容包括大量的文字、图片。我们先把这些内容按照将要展示的顺序整理在一个 Word 文档中，确定所有内容都准确无误后，再按顺序复制到 PowerPoint 里进行演示文稿内容编排，这是提高工作效率和保障作品质量的好办法。

哦，原来是这样啊。这个内容要好好准备才行呀，那我们赶快开始吧。

第 1 节　制作演示文稿的准备工作

　　要制作文化知识介绍类型的演示文稿，需要准备很多的文字和图片素材。在"《汉字的历史》文案内容 .docx"文档中已经编辑好了演示文稿所需的文字内容及相关图片，并用虚线标记了演示文稿的分页安排。

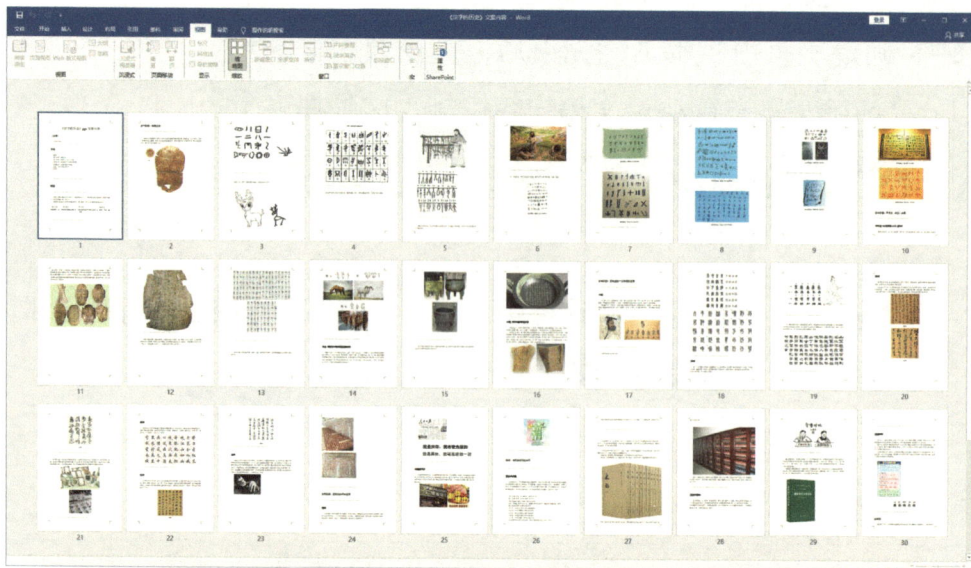

配套学习资源 \Reader\Chapter 4\《汉字的历史》文案内容 .docx

　　在本实例的素材中，还有演示文稿制作中需要用到的图片、背景音频素材，我们将利用这些素材，一起进行幻灯片母版及内容页的制作。

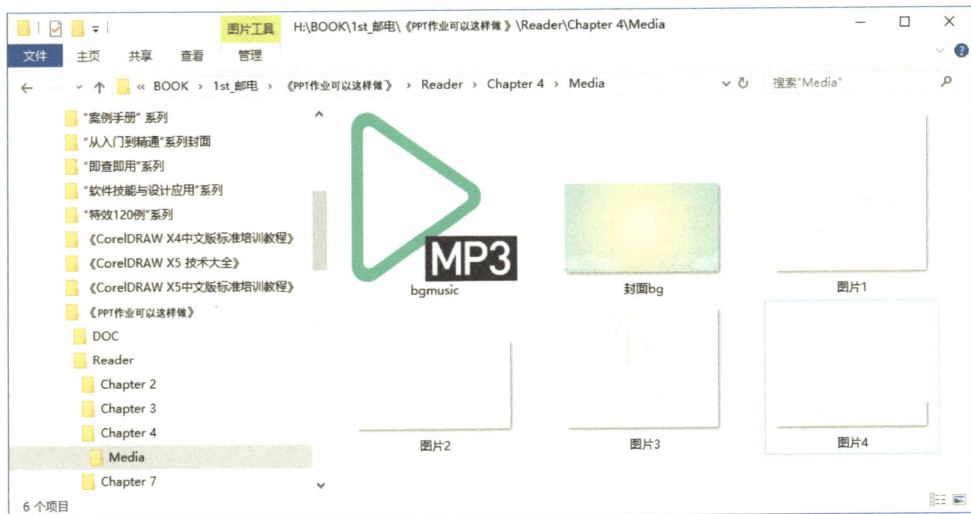

配套学习资源 \Reader\Chapter 4\Media

爸爸，幻灯片母版是什么啊？

我们带着问题接着讲，谜底马上揭晓。

　　在开始制作本实例之前，可以先打开本实例的完成文件，查看本实例的完成效果，对即将要制作的演示文稿内容结构有一个基本的了解。

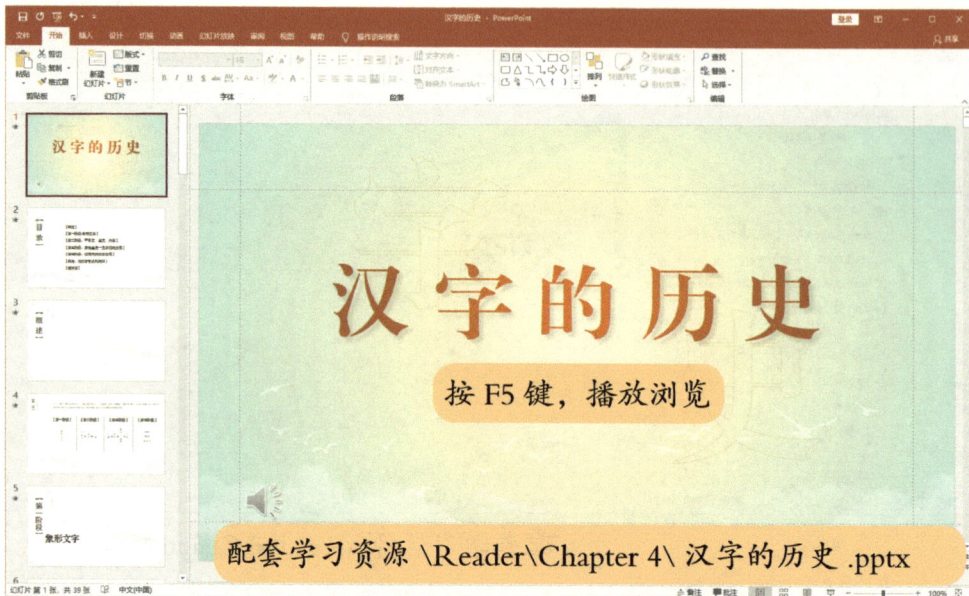

配套学习资源 \Reader\Chapter 4\ 汉字的历史 .pptx

第 2 节　编辑幻灯片的母版

幻灯片母版包含了幻灯片设计模板的基础内容，新建的空白幻灯片会根据幻灯片模板中的默认页面进行展示。

知识点 1　编辑节标题页面母版

在本实例中，将为节标题制作专用的页面背景，目的是和内容介绍页面的版式相区别。我们先来进行节标题页面母版的编辑。

步骤 1　启动 PowerPoint，打开母版编辑视图。

步骤 2　删除"标题幻灯片"页面母版中不需要的部分。

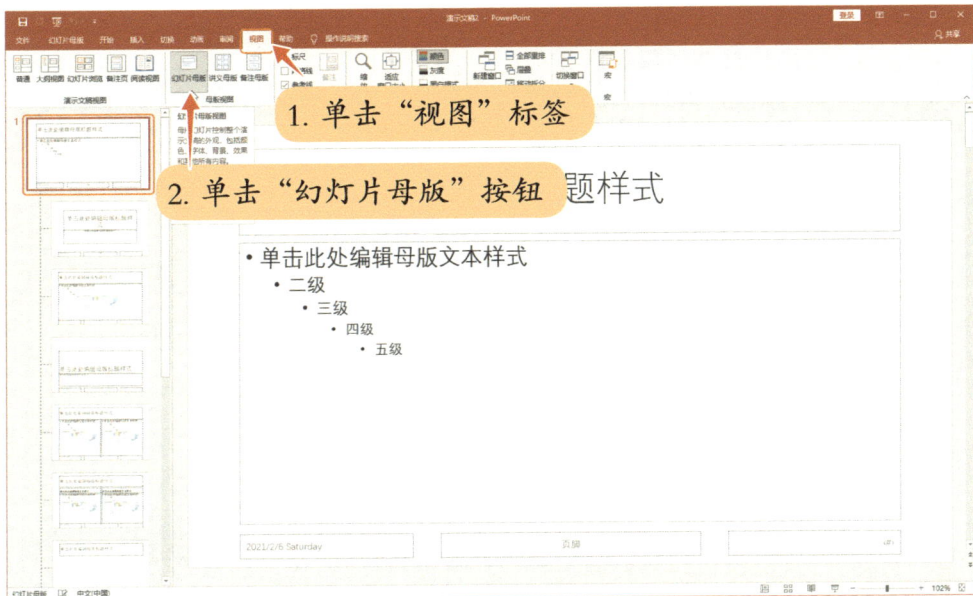

1. 单击"视图"标签

2. 单击"幻灯片母版"按钮

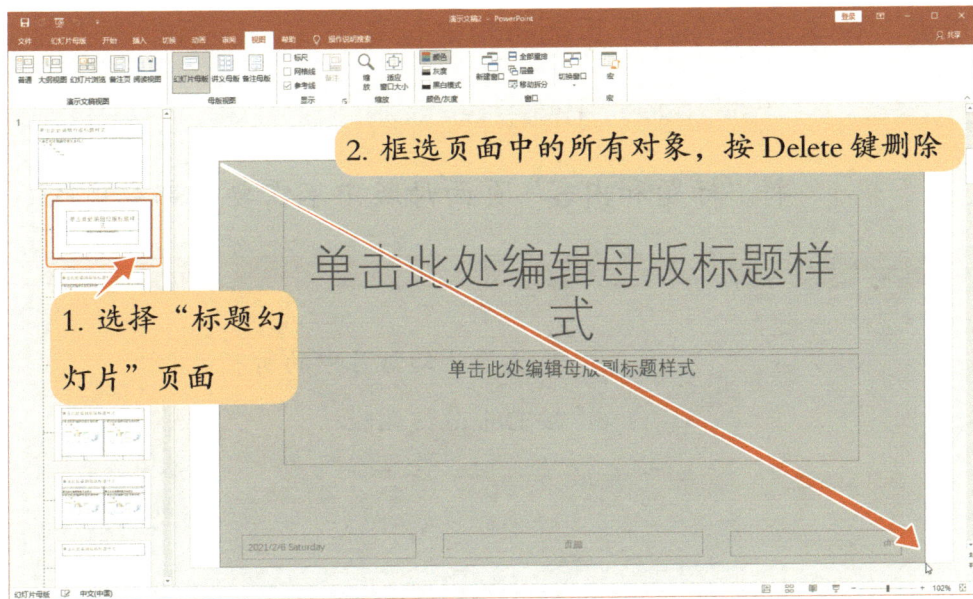

2. 框选页面中的所有对象，按 Delete 键删除

1. 选择"标题幻灯片"页面

步骤 3 将本实例的素材中的"图片 1.png"（山川）、"图片 2.png"（边框）和"图片 3.png"（树叶）置入合适的位置，得到标题页的页面背景。

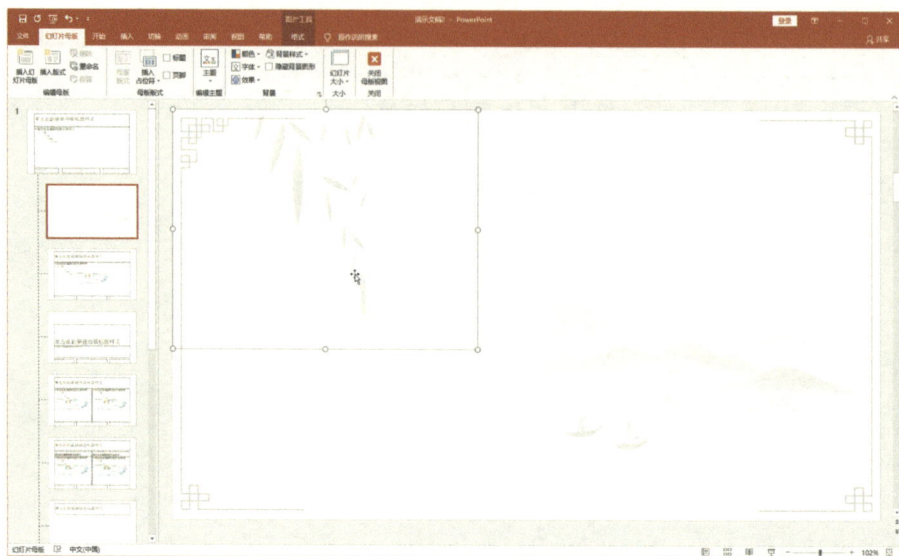

步骤 4 按 Ctrl+S 或 F12 快捷键，将演示文稿以"汉字的历史"命名并保存到计算机的指定位置。

知识点 2　编辑内容页面母版

步骤 1 将"标题和内容"页面母版中不需要的部分删除。

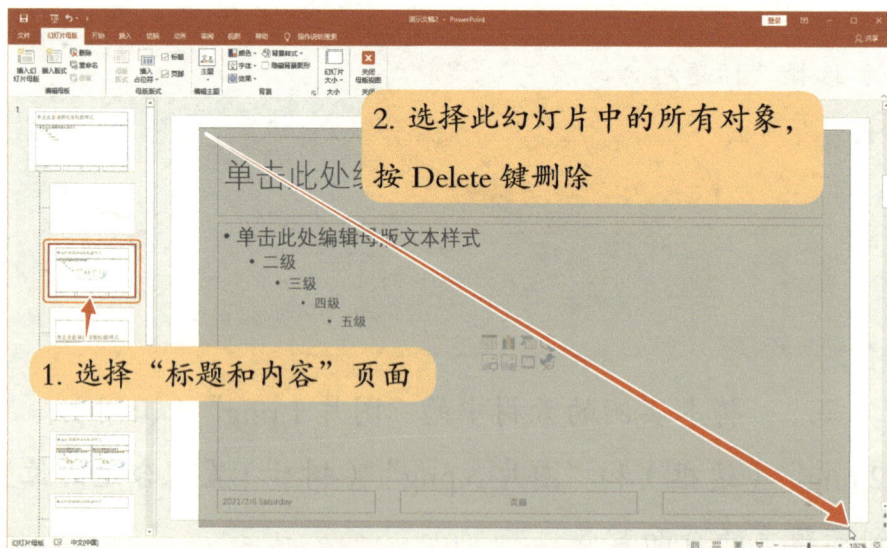

2. 选择此幻灯片中的所有对象，按 Delete 键删除

1. 选择"标题和内容"页面

步骤 2　编排背景图像，将本实例的素材中的"图片 3.png"和"图片 4.png"置入该母版页面中。

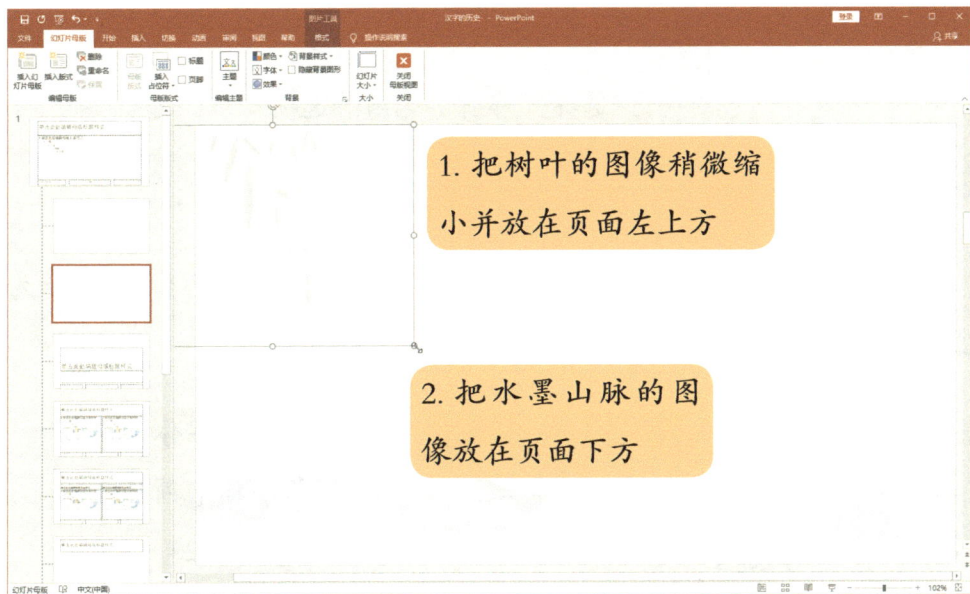

1. 把树叶的图像稍微缩小并放在页面左上方

2. 把水墨山脉的图像放在页面下方

步骤 3　为内容页面制作一幅用汉字偏旁部首组成的背景图像。先打开中文输入法中的"符号输入器"窗口。

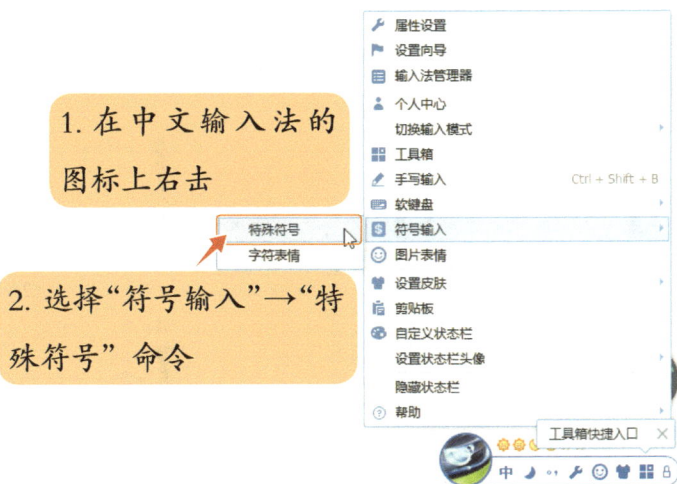

1. 在中文输入法的图标上右击

2. 选择"符号输入"→"特殊符号"命令

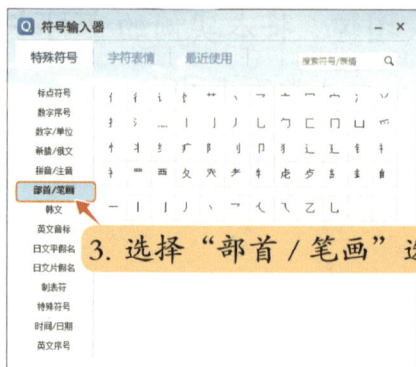

3. 选择"部首 / 笔画"选项

步骤 4 插入一个文本框，在文本框中输入"亻"，并为其设置字体和字号。

2. 单击"亻"

3. 设置字体为"方正小标宋简体"，字号为 120

1. 单击"插入"选项卡中的"文本框"按钮

步骤 5 快速复制出一个新的文本框，并输入其他部首。

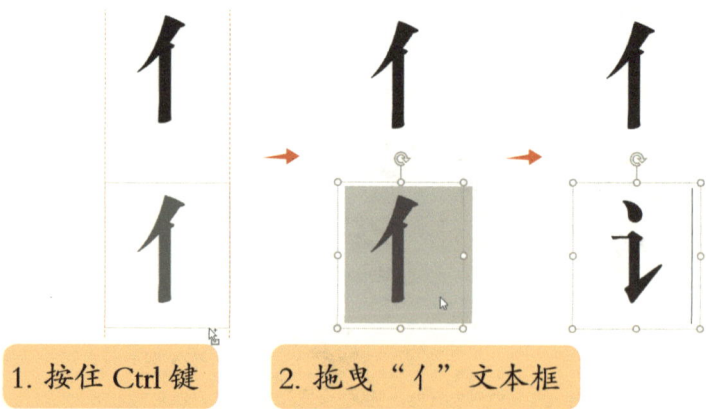

3. 在"符号输入器"窗口中选择另一个部首

1. 按住 Ctrl 键

2. 拖曳"亻"文本框

步骤 6　使用同样的方法，复制文本框并修改其字符，得到若干个部首形状，然后把它们分散排列在页面的上方。

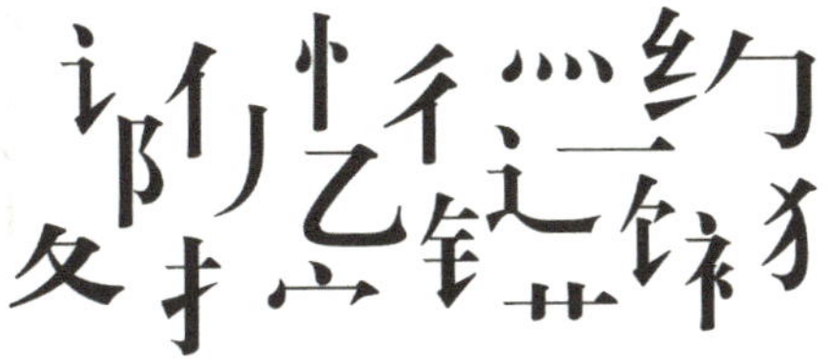

步骤 7　将部首文本框组合成一个形状对象（快捷键为 Ctrl+G）。

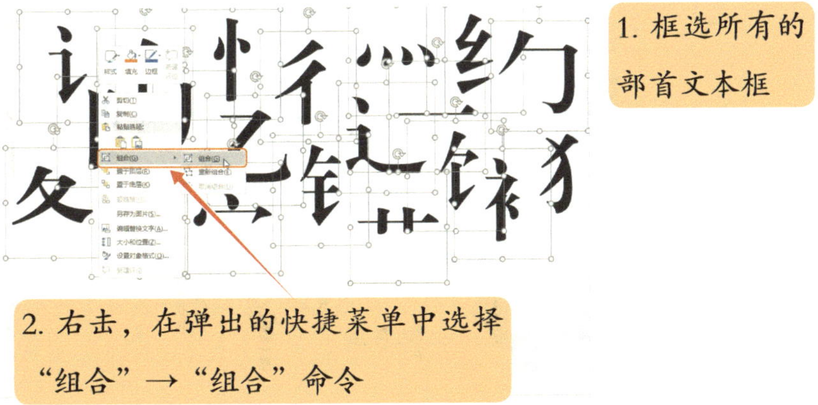

1. 框选所有的部首文本框

2. 右击，在弹出的快捷菜单中选择"组合"→"组合"命令

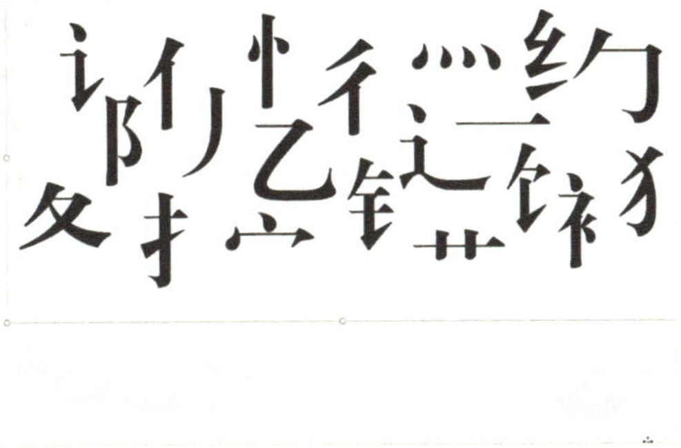

小智提示

　　组合可以被整体移动、缩放、旋转等。如果要取消组合，则选择组合并右击，在弹出的快捷菜单中选择"组合"→"取消组合"命令（快捷键为 Shift+Ctrl+G）就可以了。

步骤 8　　选择组合，设置文本效果格式。

1. 单击"格式"标签

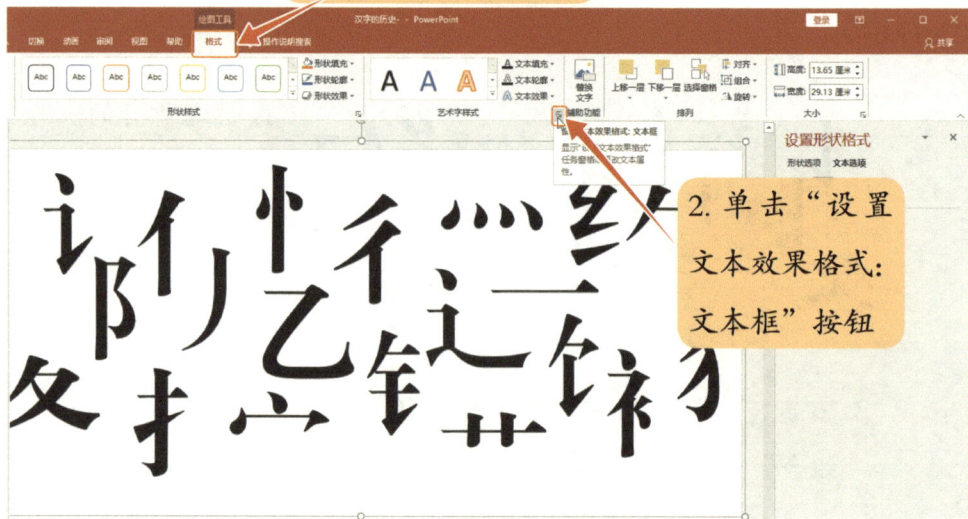

2. 单击"设置文本效果格式：文本框"按钮

步骤 9　　将组合对象的填充色设置为偏浅的蓝灰色，得到一个浅淡的偏旁部首组合背景。

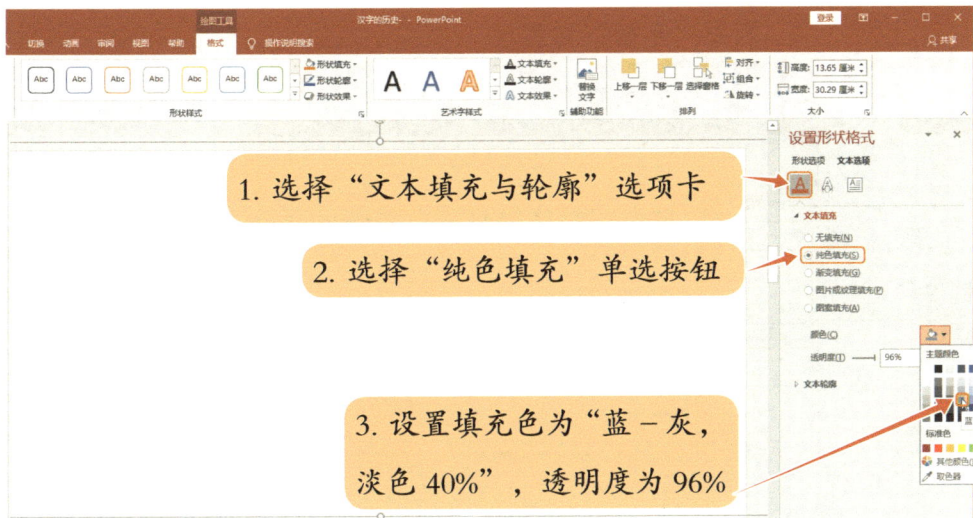

1. 选择"文本填充与轮廓"选项卡

2. 选择"纯色填充"单选按钮

3. 设置填充色为"蓝－灰，淡色 40%"，透明度为 96%

步骤 10　关闭母版视图，回到幻灯片编辑工作窗口。

单击"关闭母版视图"按钮

步骤 11　可以看到，原来的空白幻灯片已经有了和标题母版页相同的画面，按 Ctrl+S 快捷键进行保存。

1. 单击"开始"标签

2. 单击"新建幻灯片"右侧的下三角按钮

找到"标题幻灯片"和"标题和内容"母版

聪聪，现在知道母版是什么了吗？

嗯，是可以存储设计模板信息的幻灯片，包括文字、图片的大小或位置、背景设计和配色方案。

第 3 节　制作演示文稿的封面页

　　演示文稿的封面页是展现主题的重点页面，需要单独进行设计。

　　步骤 1　将准备好的封面置入当前的首页幻灯片中。

　　步骤 2　复制标题文字并粘贴至幻灯片中。

配套学习资源 \Reader\Chapter 4\ 汉字的历史 .pptx

1. 复制标题文字"汉字的历史"

2. 按 Ctrl+V 快捷键，进行粘贴

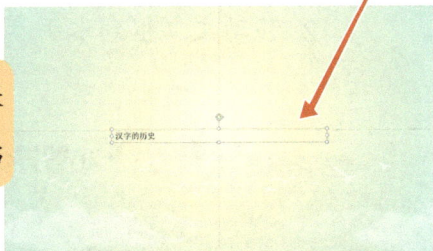

配套学习资源 \Reader\Chapter 4\ 封面 bg.jpg

步骤 3 设置标题文字。

2. 在便捷弹窗中设置字体为"方正小标宋简体"，字号为 100

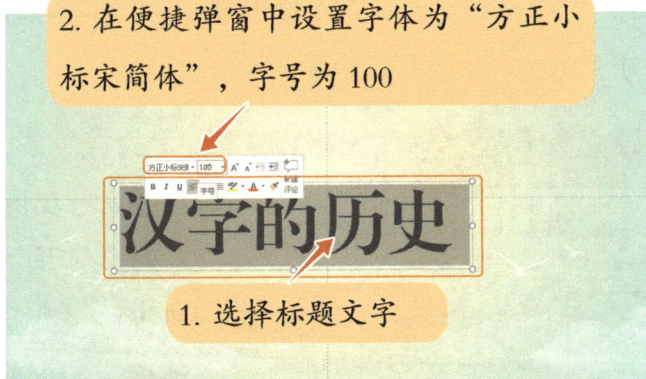

1. 选择标题文字

步骤 4 调整标题文字，按文本框的宽度分散对齐到两端。

3. 单击"开始"标签

4. 单击"段落"选项组中的"分散对齐"按钮

1. 将存放标题文字的文本框向右拉宽到整体占据页面宽度的三分之二

汉字的历史

2. 移动文本框到水平参考线的上方并居中对齐

💡 小智提示

　　参考线显示可以在"视图"选项卡中设置，勾选"参考线"复选框使所选对象与页面居中对齐（但需要在"开始"选项卡中从"绘图"选项组中的"排列"下拉列表中选择"对齐"→"对齐幻灯片"，否则将只能执行对象之间相互对齐的操作）。

1. 单击"视图"标签

2. 勾选"显示"选项组中的"参考线"复选框

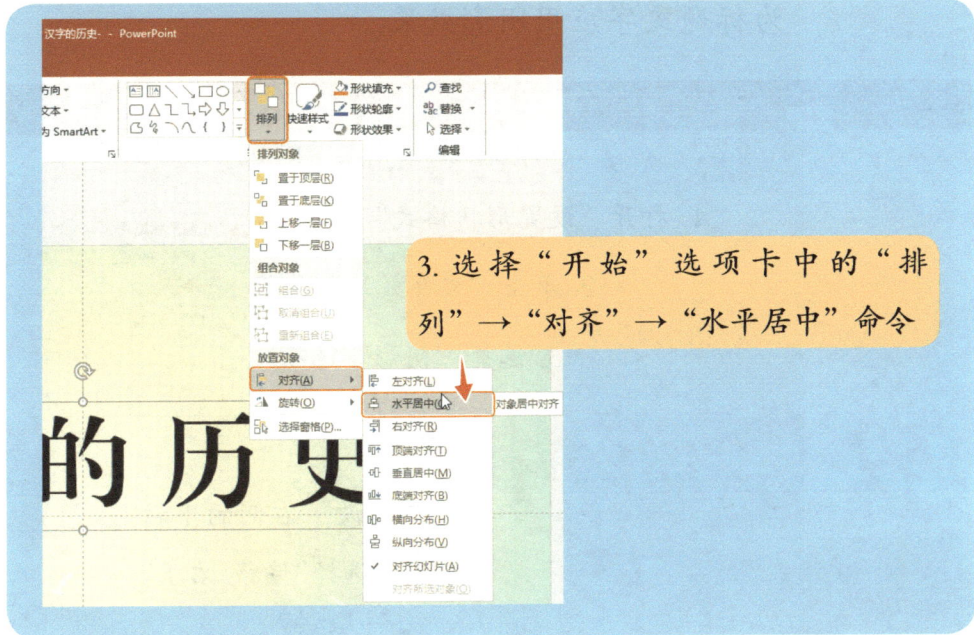

3. 选择"开始"选项卡中的"排列"→"对齐"→"水平居中"命令

步骤 5　为标题文字应用橙色到棕色的径向渐变填充色。

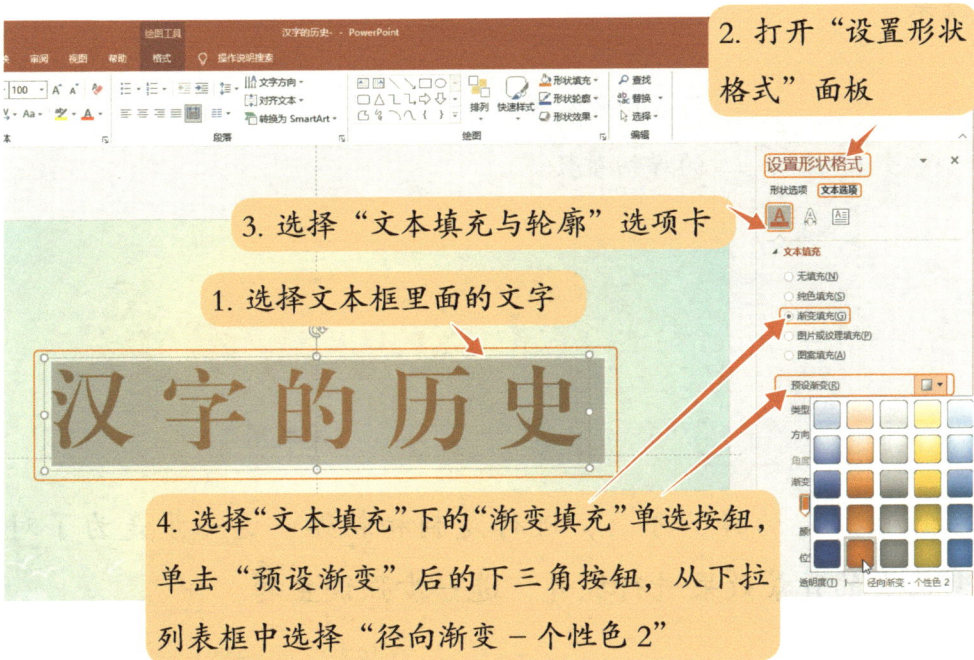

2. 打开"设置形状格式"面板

3. 选择"文本填充与轮廓"选项卡

1. 选择文本框里面的文字

4. 选择"文本填充"下的"渐变填充"单选按钮，单击"预设渐变"后的下三角按钮，从下拉列表框中选择"径向渐变 – 个性色 2"

步骤 6 为标题文字应用阴影效果。

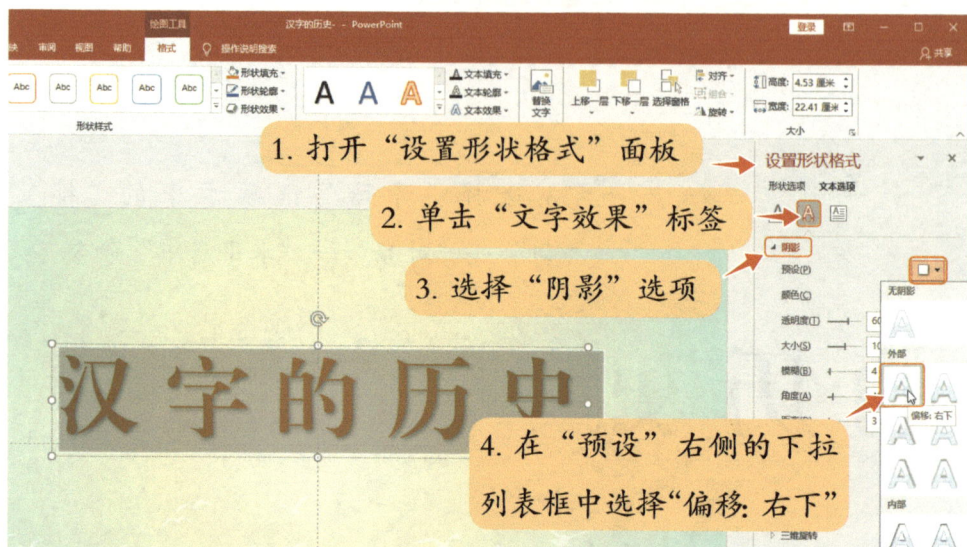

步骤 7 对添加的阴影进行参数设置，得到更合适的阴影效果。

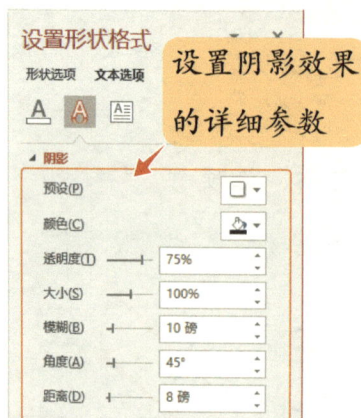

效果图

步骤 8 选择"字"，进行复制和粘贴，这一步是为了对封面页的背景效果进行提升，进一步强调主题。

2. 在幻灯片以外的空白区域单击或连续按两次 Esc 键

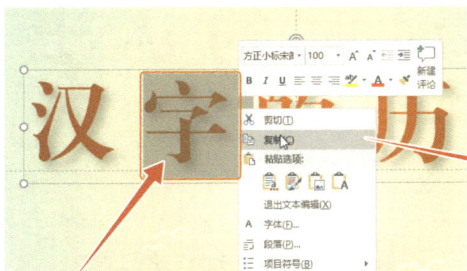

1. 选择"字"并按 Ctrl+C 快捷键复制

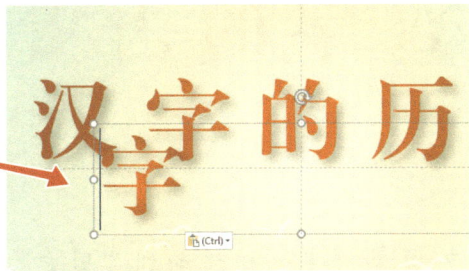

3. 按 Ctrl+V 快捷键进行粘贴

步骤 9　设置"文本填充"和"文本轮廓"，完善背景效果。

2. 将其移动至"汉字"二字中间的上方

3. 选择"文本填充与轮廓"选项卡

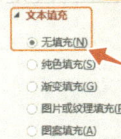

4. 选择"无填充"单选按钮

效果图

5. 选择"实线"单选按钮

1. 将新粘贴的"字"的字号修改为 200

6. 设置"颜色"为"金色，个性色 4，深色 25%"，设置"透明度"为"85%"，设置"宽度"为"1.5 磅"

7. 复制"字"并移动到"历史"二字中间的下方

8. 将其修改为"史"

步骤 10　完成对"汉字的历史"核心文字的特别强调。

步骤 11　将主题文字移动到最上层。

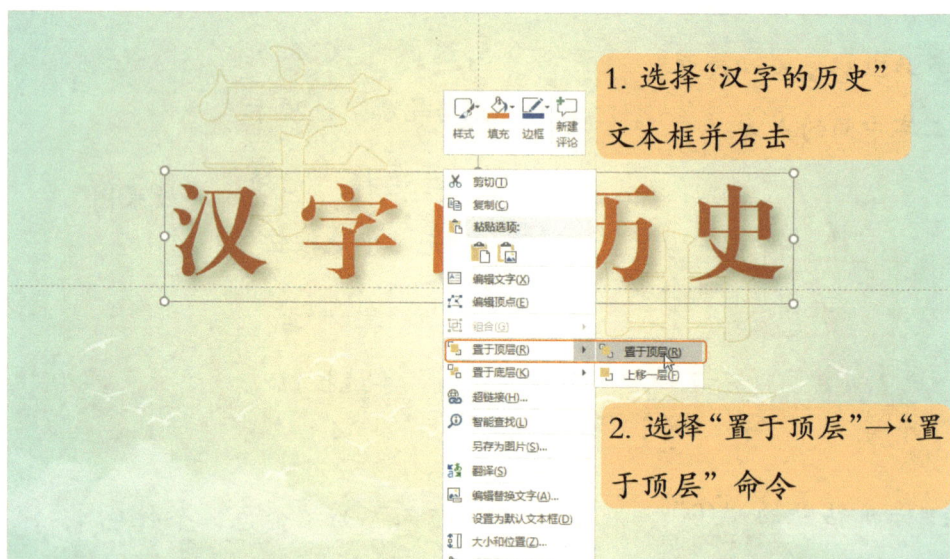

1. 选择"汉字的历史"文本框并右击

2. 选择"置于顶层"→"置于顶层"命令

💡 **小智提示**

在幻灯片中新添加的对象默认处于之前对象的上层。当多个对象有范围重叠时，要对其层次关系进行调整，以得到需要的显示效果。

1. 选择需要调整的一个或多个对象，在其上右击

2. 在"置于顶层"或"置于底层"子菜单中选择对应的命令

步骤 12　到此，演示文稿的封面页已完成编辑，按 Ctrl+S 快捷键进行保存。

第 4 节　制作演示文稿的目录页

目录页是大多数演示文稿有的页面，通常放在封面页之后，用于概括展示整个演示文稿的内容结构。

步骤 1　新建一个内容页。

1. 单击"开始"标签

2. 单击"新建幻灯片"右侧的下三角按钮

3. 选择"标题和内容"

效果图

步骤 2 添加"目录"文字。

1. 在"插入"选项卡下，单击"文本框"下方的下三角按钮

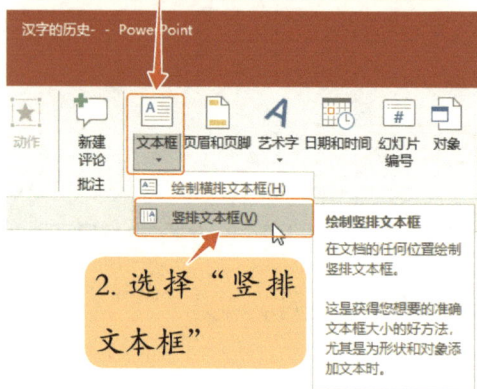

2. 选择"竖排文本框"

4. 设置字体为"方正小标宋简体"，字号为 48

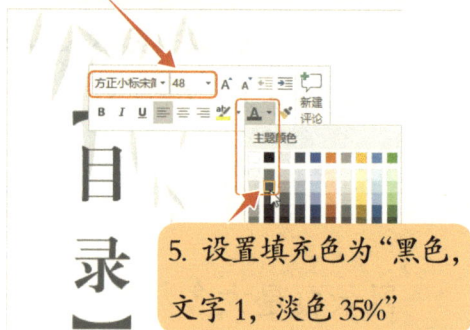

5. 设置填充色为"黑色，文字1，淡色35%"

3. 在页面左上角输入符号和文字"【目录】"

步骤 3 添加目录条目。

配套学习资源 \Reader\ Chapter 4\ 汉字的历史 .pptx

1. 复制"目录"标题下的 "【概述】"

2. 粘贴在"【目录】"的右侧

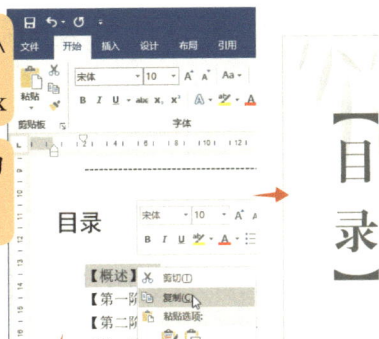

【目录】

【概述】

【目录】

3. 设置字体为"方正小标宋简体"，字号为 24

4. 设置填充色为"黑色，文字 1"

【概述】

步骤 4 编辑其他条目。

1. 按 住 Ctrl 键并向下拖曳"【概述】"文本框，按 6 次 F4 键进行重复复制

【目录】

【概述】
【概述】
【概述】
【概述】
【概述】
【概述】
【概述】

目录
【概述】
【第一阶段：象形文字】
【第二阶段：甲骨文、金文、大篆】
【第三阶段：秦始皇统一文字后的发展】
【第四阶段：近现代的汉字发展】
【其他：与汉字有关的知识】
【结束语】

2. 依次复制配套文档中准备的目录文字，粘贴至幻灯片中

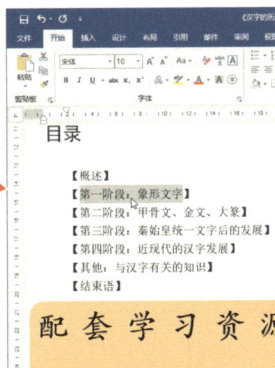

配套学习资源 \Reader\ Chapter 4\ 汉字的历史 .pptx

【目录】

【概述】
【第一阶段：象形文字】
【第二阶段：甲骨文、金文、大篆】
【第三阶段：秦始皇统一文字后的发展】
【第四阶段：近现代的汉字发展】
【其他：与汉字有关的知识】
【结束语】

效果图

步骤 5　到此，幻灯片的目录页编辑完成，按 Ctrl+S 快捷键进行保存。

第 5 节　制作演示文稿的内容页

接下来，开始进行演示文稿内容页的编辑工作。

知识点 1　编辑演示文稿第一节内容的幻灯片

本实例中制作的演示文稿的各张幻灯片在结构上是基本相同的，因此编辑好一张幻灯片的内容后，就可将其作为后面幻灯片的基础，很快地完成后续幻灯片的制作工作。

步骤 1　新建标题页幻灯片。

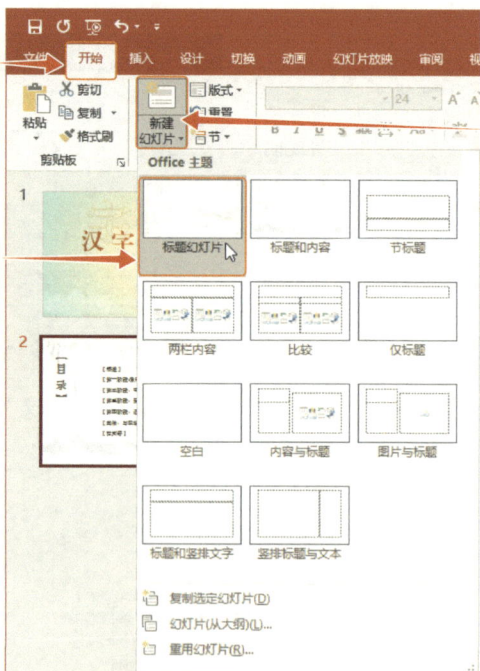

步骤 2　保持之前目录页中的格式和字体效果，复制和粘

贴至新的页面后，再修改文字内容。

1. 单击上一张幻灯片

2. 选择"【目录】"文本框并按 Ctrl+C 快捷键进行复制

3. 在新建的标题页中，按 Ctrl+V 快捷键进行粘贴

4. 修改文字内容为"【概述】"

步骤 3 新建一个内容页，填充并设置文字。

3. 设置字体为"方正小标宋简体"，字号为 20

方正小标宋简 ▾ 20

【概述】

1. 新建内容页

4. 设置填充色为"黑色，文字 1，淡色 50%"

2. 从上一页中复制标题文本框到新建的内容页中

5. 将标题文本框移动到页面的左上角

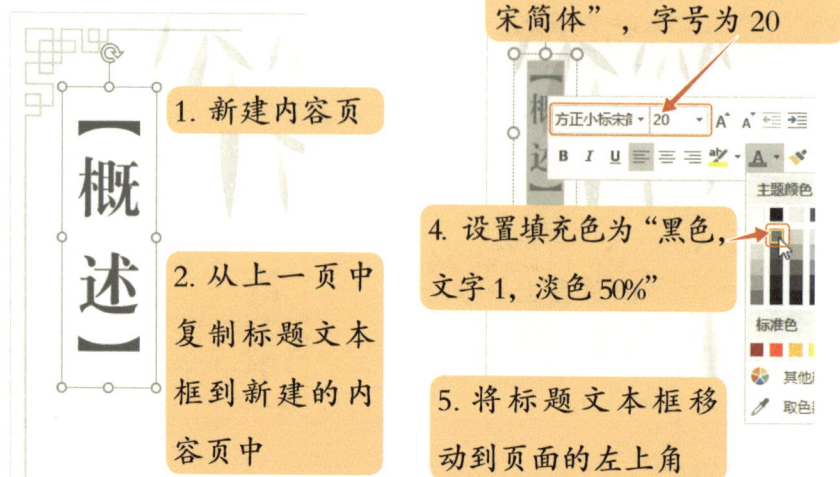

步骤 4　移动参考线并将其作为后续首行文字的底边对齐的参考位置。

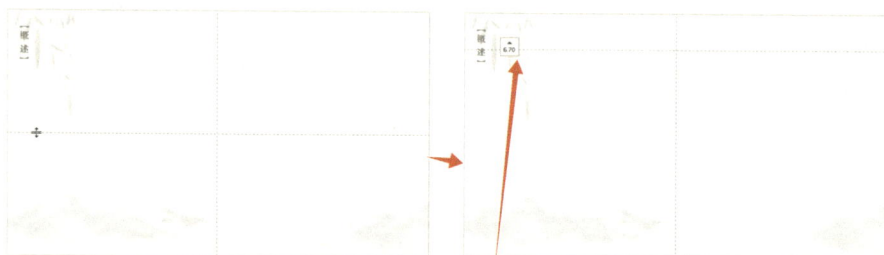

1. 将鼠标指针移动到页面中的水平参考线上，等待鼠标指针改变形状

2. 按住鼠标左键并向上拖曳参考线至合适的位置（本实例中是显示出 6.70 的位置）

步骤 5　添加一条新的水平参考线并以其作为页面内容最低位置的对齐参考线。

1. 按住 Ctrl 键和鼠标左键，将页面上方的水平参考线向下拖曳，添加一条新的水平参考线

2. 将新的水平参考线移动到页面下方合适的位置

步骤 6　设置页面左右两端的对齐参考线。

1. 将鼠标指针移动到页面中的垂直参考线上

2. 等待鼠标指针改变形状后，按住鼠标左键将垂直参考线向左拖曳到显示出 15.70 的位置

3. 按住 Ctrl 键和鼠标左键，将页面左端的参考线向右拖曳，在右侧显示 15.70 的位置添加一条新的垂直参考线

步骤 7　添加介绍文字。

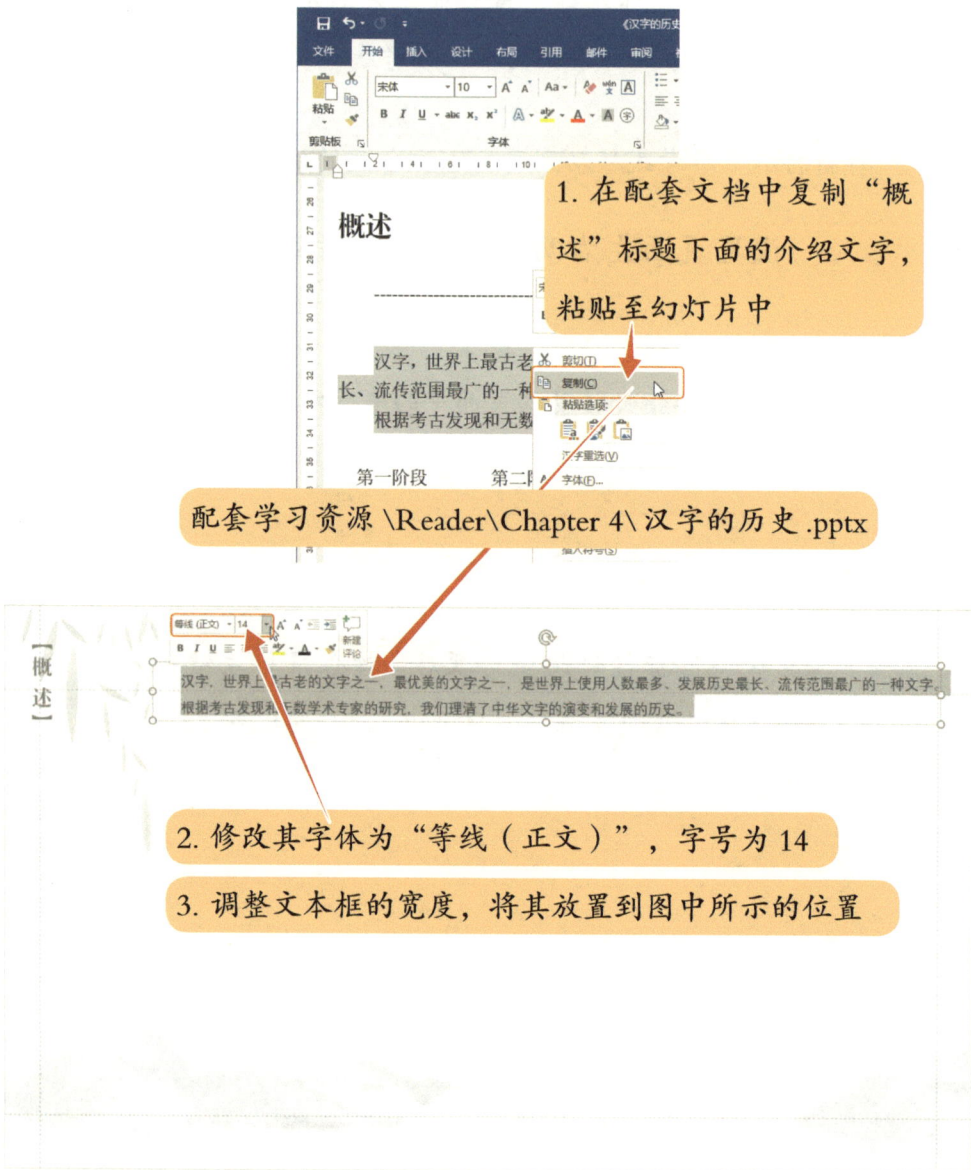

1. 在配套文档中复制"概述"标题下面的介绍文字，粘贴至幻灯片中

配套学习资源 \Reader\Chapter 4\ 汉字的历史 .pptx

2. 修改其字体为"等线（正文）"，字号为 14

3. 调整文本框的宽度，将其放置到图中所示的位置

步骤 8　添加展示文字。

配套学习资源 \Reader\Chapter 4\ 汉字的历史.pptx

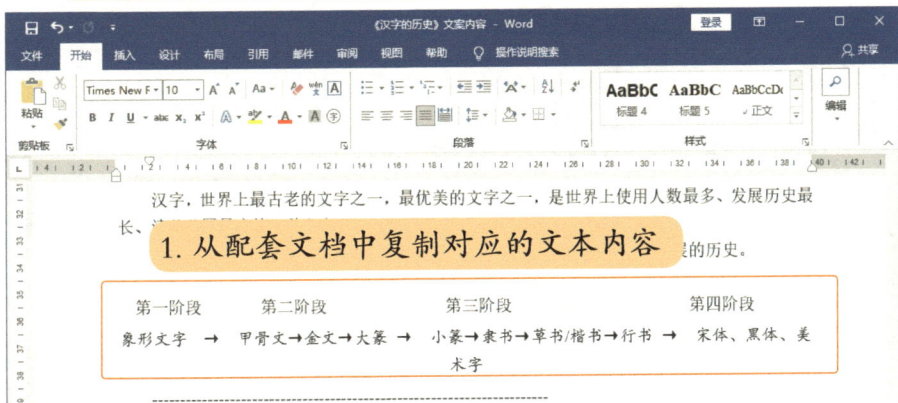

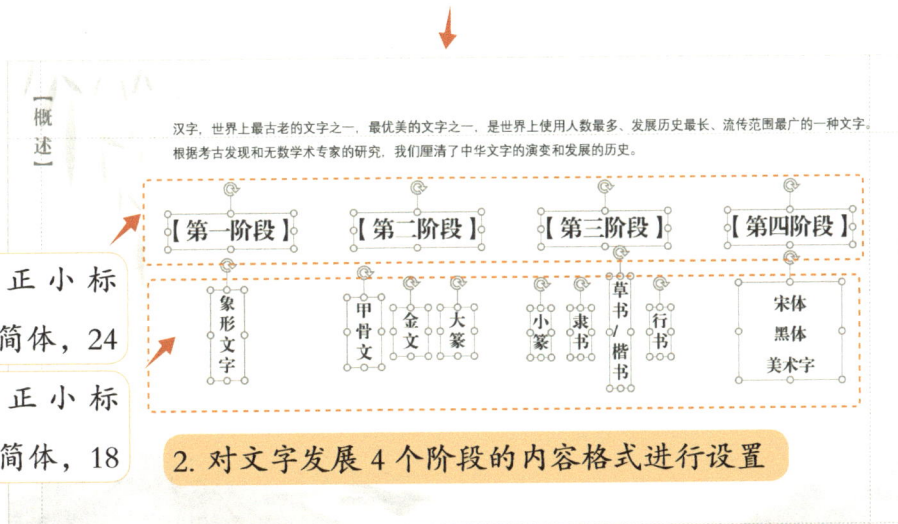

1. 从配套文档中复制对应的文本内容

方正小标宋简体，24

方正小标宋简体，18

2. 对文字发展 4 个阶段的内容格式进行设置

3. 对于阶段名称，设置字体为"方正小标宋简体"，字号为 24；对于字形名称，设置字体为"方正小标宋简体"，字号为 18

步骤 9　在页面中"【第二阶段】"和"【第三阶段】"下的字形名称之间添加直线箭头。

1. 单击"插入"标签

3. 绘制一个从左向右的短箭头

【第二阶段】 【第三阶段】

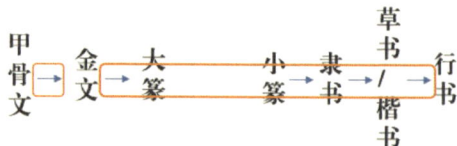

2. 在"形状"下拉列表中选择"直线箭头"

4. 复制短箭头并粘贴在字形名称之间

步骤 10 在页面中"【第一阶段】"和"【第二阶段】"之间绘制直线并设置线条效果。

1. 单击"插入"标签

3. 打开"设置形状格式"面板,在"线条"选项组中选择"实线"单连按钮

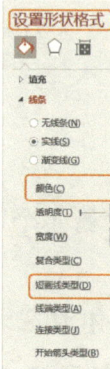

4. 设置"颜色"为"黑色,文字1,淡色50%","短画线类型"为"————",显示效果为虚线

2. 在"形状"下拉列表中选择"直线"

【第一阶段】 【第二阶段】

象形文字

甲骨文 → 金文 → 大篆

步骤 11　复制虚线并粘贴在各个阶段之间，将几个文字组分隔开来，以便于区分。

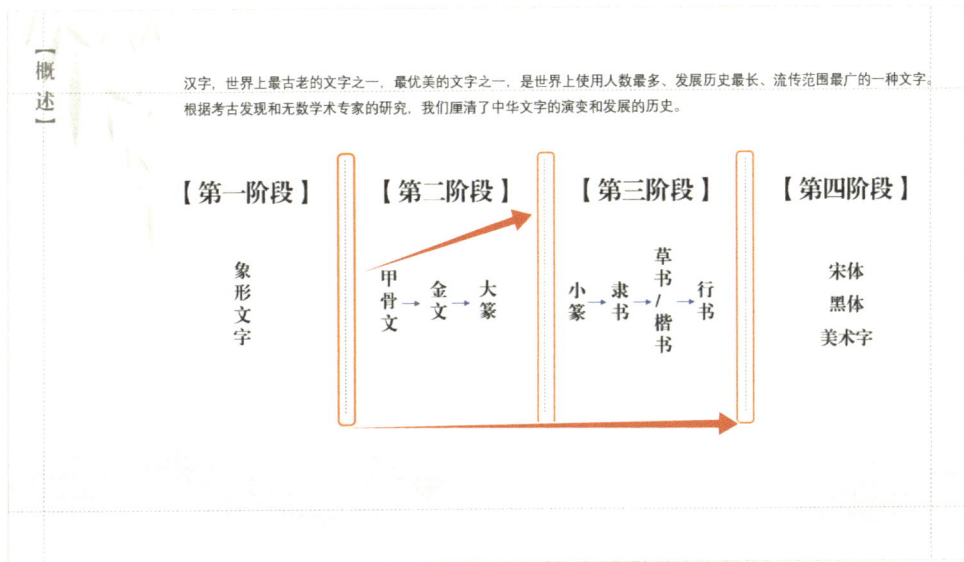

步骤 12　到此，演示文稿第一节的内容已经编辑完成，按 Ctrl+S 快捷键进行保存。

知识点2　编辑后续内容的幻灯片

基于前面的内容，我们就能熟练地编辑后续的幻灯片了。先复制已经编辑好的标题页、内容页，粘贴到新的页面，再在此基础上更换、添加新的图文内容即可。

步骤 1　复制编辑好的标题页并粘贴到新的标题页。

步骤 2　参考配套文档，修改标题文字。

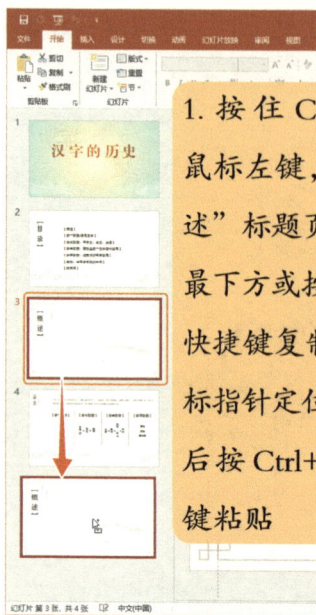

1. 按住 Ctrl 键和鼠标左键，把"概述"标题页拖动至最下方或按Ctrl+C快捷键复制，将鼠标指针定位到底部后按 Ctrl+V 快捷键粘贴

2. 选择新页面中的"【概述】"

3. 将"【概述】"修改为第二节的标题"【第一阶段】"

步骤 3　添加标题文字。

2. 在幻灯片中粘贴文字并设置字体效果

1. 在配套文档中复制第二节标题的剩余文字

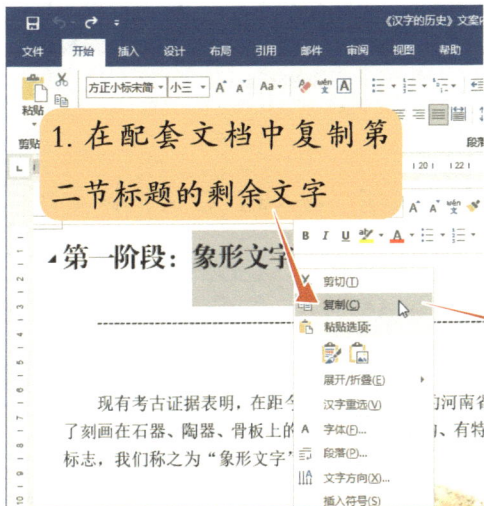

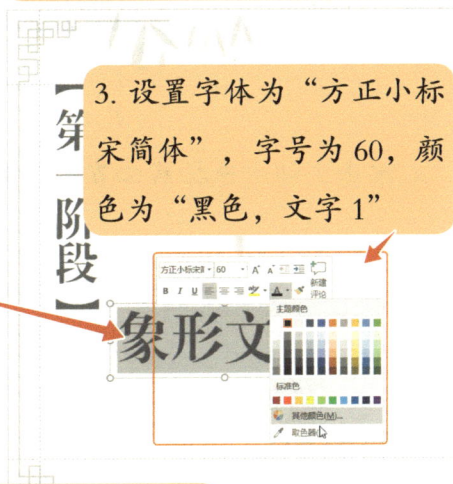

3. 设置字体为"方正小标宋简体"，字号为 60，颜色为"黑色，文字 1"

配套学习资源 \Reader\Chapter 4\ 汉字的历史 .pptx

步骤 4　复制页面并修改标题。

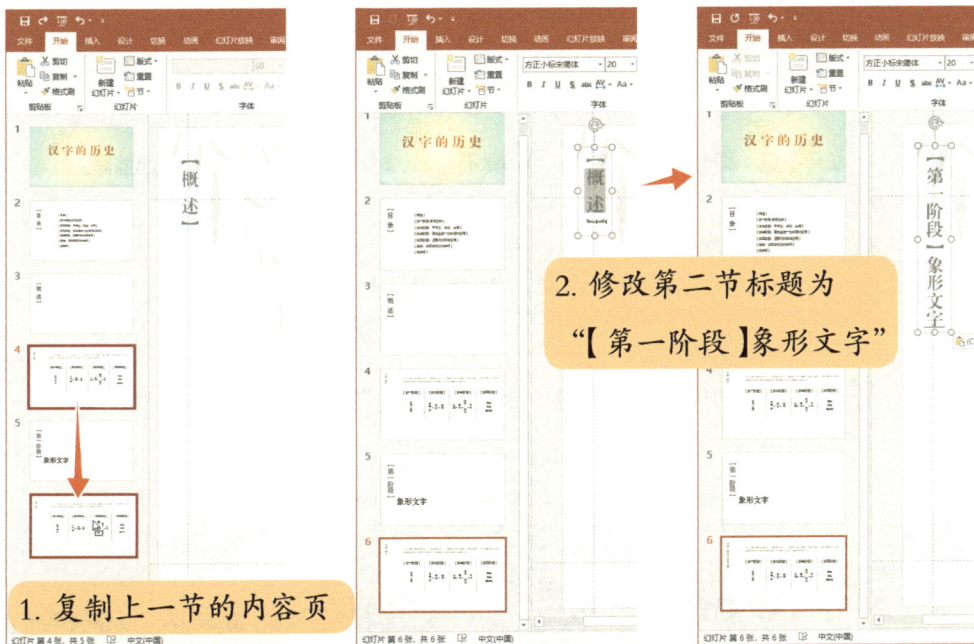

2. 修改第二节标题为"【第一阶段】象形文字"

1. 复制上一节的内容页

步骤 5 复制文字。

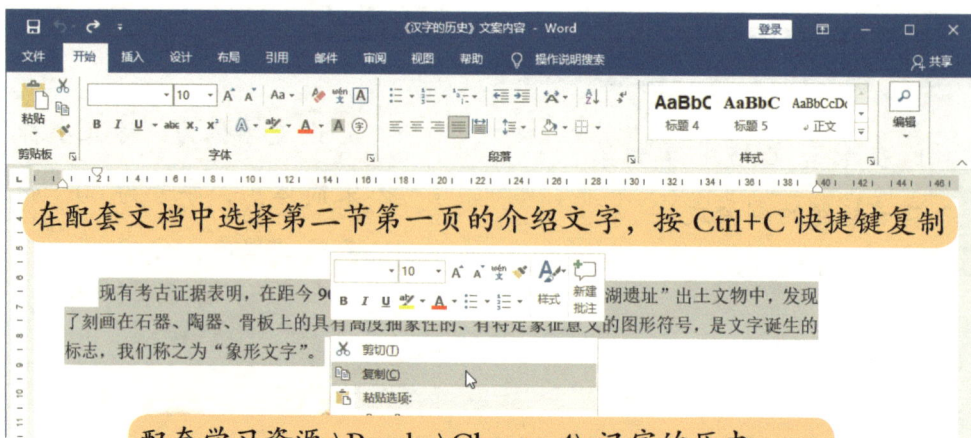

在配套文档中选择第二节第一页的介绍文字，按 Ctrl+C 快捷键复制

配套学习资源 \Reader\Chapter 4\ 汉字的历史 .pptx

步骤 6 为防止新粘贴的文字引用幻灯片文档默认的段落文字显示属性，此处在粘贴时只保留文本。

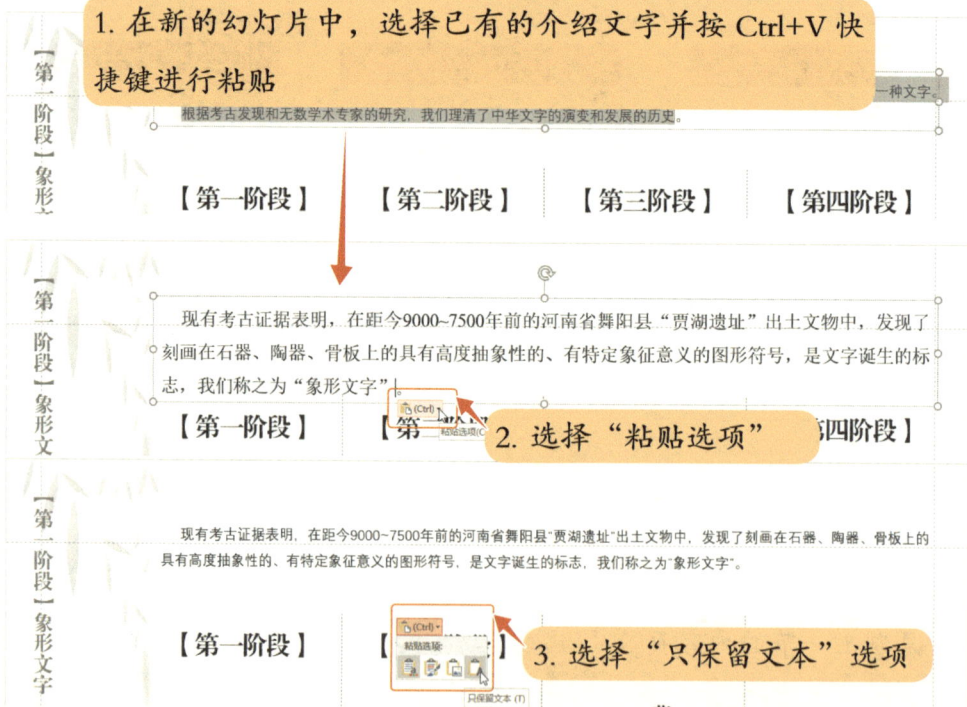

1. 在新的幻灯片中，选择已有的介绍文字并按 Ctrl+V 快捷键进行粘贴

现有考古证据表明，在距今9000~7500年前的河南省舞阳县"贾湖遗址"出土文物中，发现了刻画在石器、陶器、骨板上的具有高度抽象性的、有特定象征意义的图形符号，是文字诞生的标志，我们称之为"象形文字"。

2. 选择"粘贴选项"

3. 选择"只保留文本"选项

👦 💡 小智提示

　　在"粘贴选项"中有 4 个选项，不同的选项会使粘贴出来的内容以不同的方式进行显示。

- 使用目标主题：在粘贴时，应用粘贴的区域中所设置的段落文本属性。
- 保留源格式：在粘贴时，保留所复制内容在源文档中的段落文本属性。
- 图片：在粘贴时，将粘贴的内容转换为一张图片，使它不再具有文本属性。
- 只保留文本：在粘贴时，取消所复制内容在源文档中的全部段落文本属性，应用粘贴的区域中的段落文本属性。

步骤 7　删除不需要的内容。

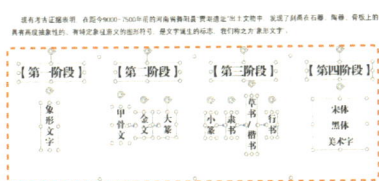

1. 框选图中的区域

2. 按 Delete 键删除

步骤 8　置入图片素材。

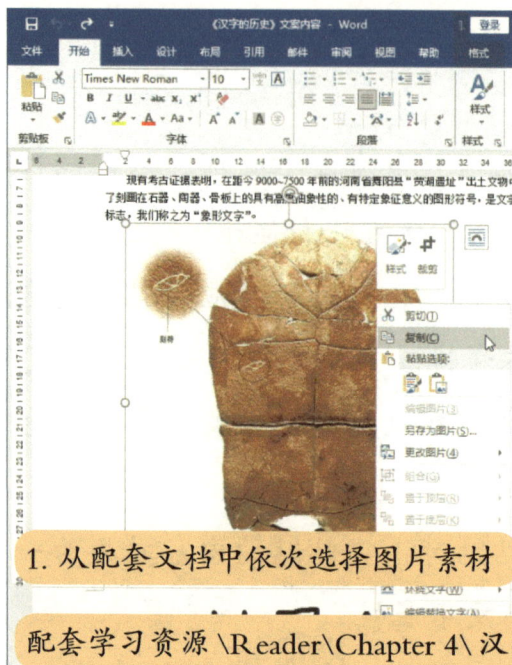

1. 从配套文档中依次选择图片素材

配套学习资源 \Reader\Chapter 4\ 汉字的历史 .pptx

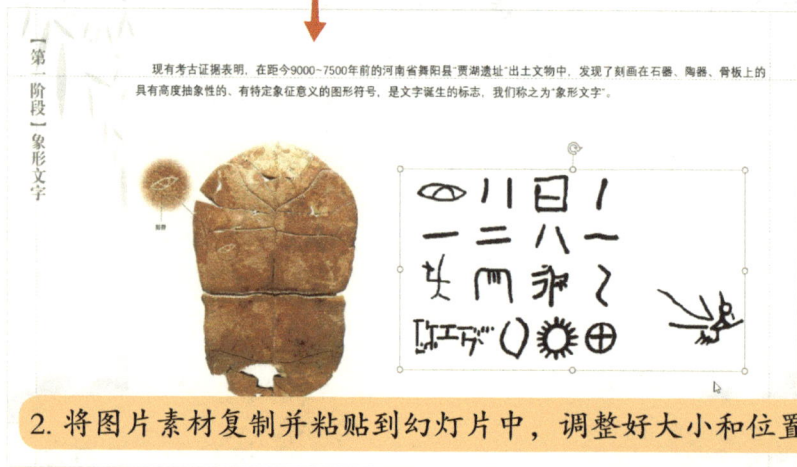

2. 将图片素材复制并粘贴到幻灯片中，调整好大小和位置

步骤 9　参考上面几个步骤的操作，用同样的方法，使用配套文档中规划好的页面内容，逐页完成整个演示文稿内容介绍页的编辑。

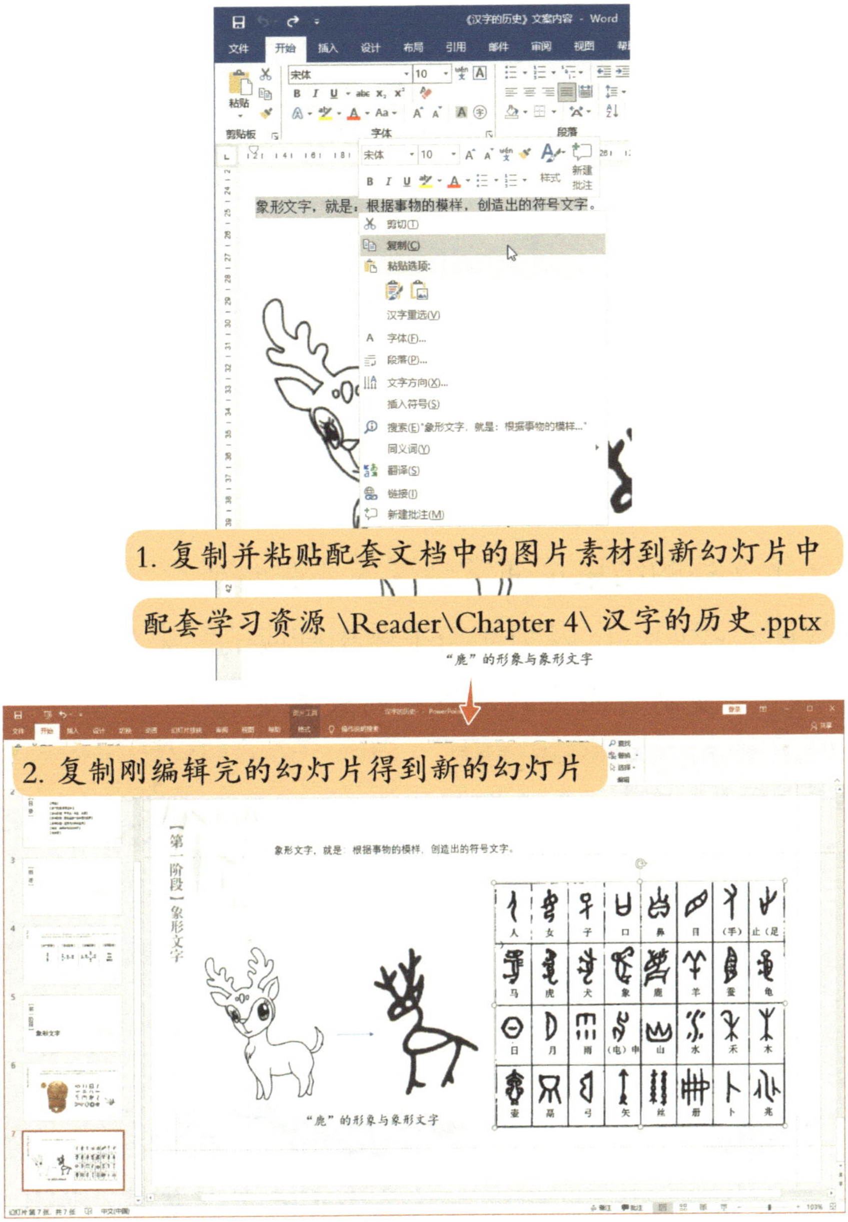

《汉字的历史》文案内容 - Word
文件 开始 插入 设计 布局 引用 邮件 审阅 视图
象形文字，就是：根据事物的模样，创造出的符号文字。
剪切(T)
复制(C)
粘贴选项:
汉字重选(V)
字体(F)...
段落(P)...
文字方向(X)...
插入符号(S)
同义词(Y)
翻译(S)
链接(I)
新建批注(M)
1. 复制并粘贴配套文档中的图片素材到新幻灯片中
配套学习资源 \Reader\Chapter 4\ 汉字的历史.pptx
“鹿”的形象与象形文字
2. 复制刚编辑完的幻灯片得到新的幻灯片
【第一阶段】象形文字
象形文字，就是：根据事物的模样，创造出的符号文字。
“鹿”的形象与象形文字

步骤 10 按 Ctrl+S 快捷键进行保存。到此，演示文稿的内容页已完成，按 F5 键进行预览，查看当前的完成效果，对需要完善的地方进行调整。

1. 调整好图片的位置、大小

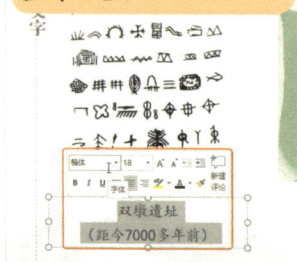

2. 复制上一节的标题页面，修改标题文字

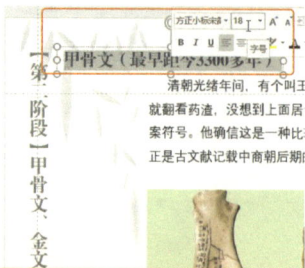

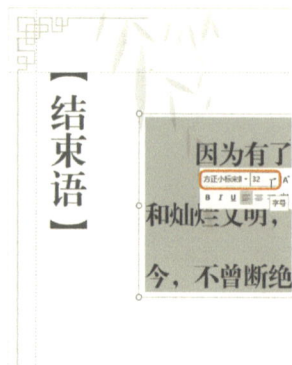

第 6 节　制作演示文稿的结束页

演示文稿的结束页通常会置入"谢谢观看"等文字，向观众致谢；我们也可以制作与主题相呼应的结束页。

步骤 1　复制封面页到幻灯片列表末尾。

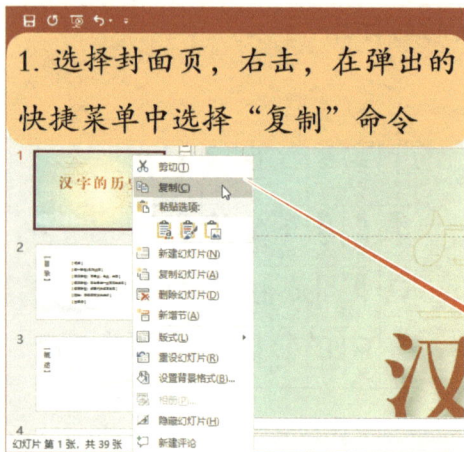

1. 选择封面页，右击，在弹出的快捷菜单中选择"复制"命令

2. 按 Ctrl+V 快捷键，将封面页粘贴在幻灯片列表末尾

步骤 2　修改标题文字的字号和位置。

1. 选择标题文字，修改字号为 40

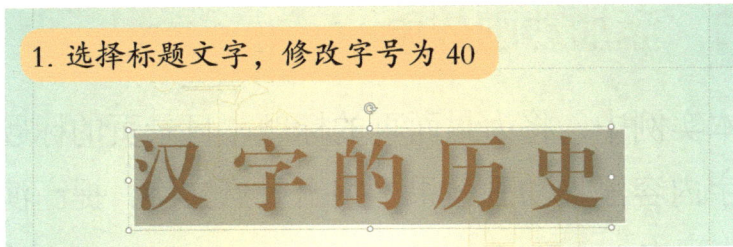

汉 字 的 历 史

方正小标宋体　40

汉 字 的 历 史

2. 选择文本框，拖曳至页面高度的三分之二处

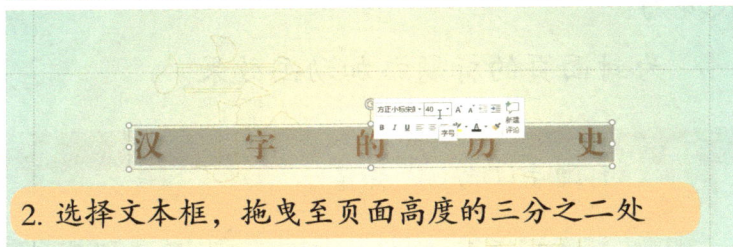

步骤 3　保持原标题文字的填充色、阴影效果等，修改文字内容和字号。

1. 复制"汉字的历史"文本框

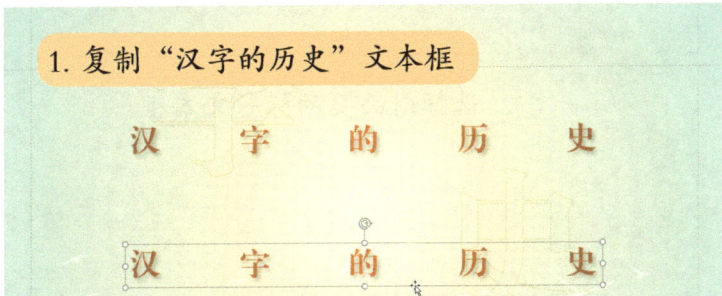

汉 字 的 历 史

汉 字 的 历 史

2. 修改其内容为"谢谢观看"

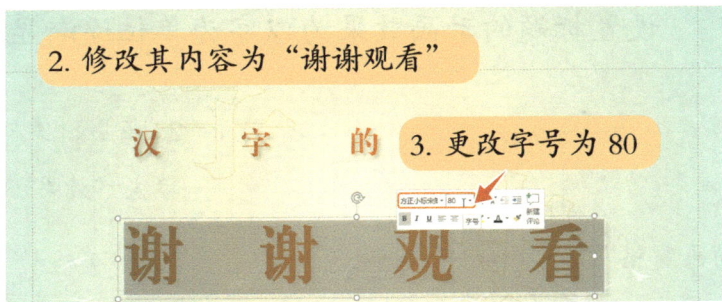

汉 字 的　　3. 更改字号为 80

方正小标宋体　80

谢 谢 观 看

步骤 4　到此，演示文稿的内容编辑操作全部完成。按 Ctrl+S 快捷键进行保存。

第 7 节　添加动画效果

在本实例中，将为封面页的标题、目录页的标题、结束语等文字内容添加动画效果，突出重点文字，提高演示文稿的视觉表现力。

步骤 1　为封面页的标题添加动画效果。

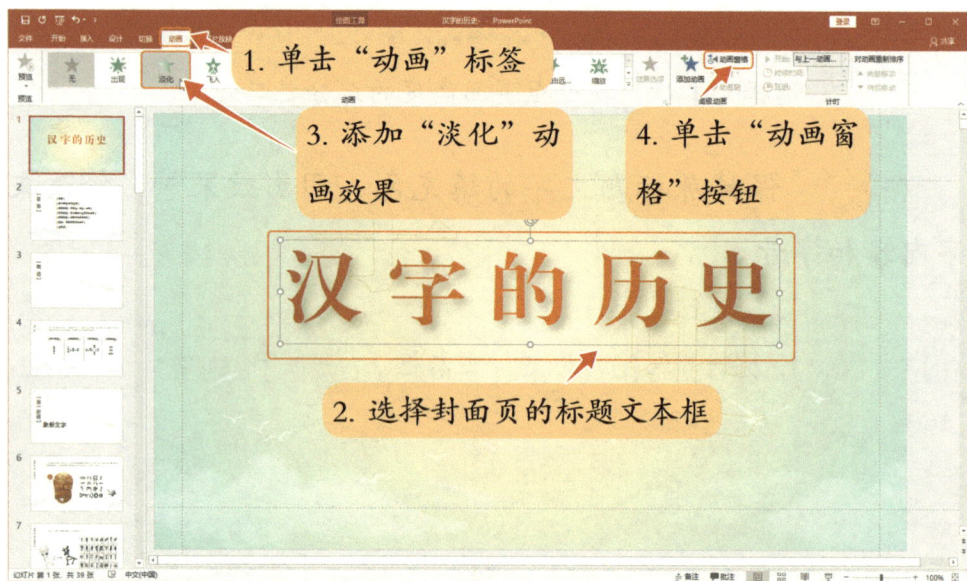

步骤 2　设置标题的动画效果为以字为单位逐渐显现。

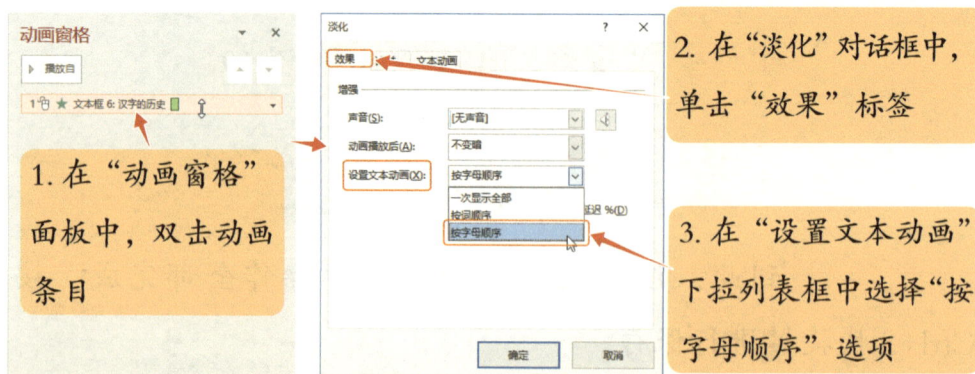

步骤 3　设置动画的时间。在开始放映幻灯片后自动开始播放动画，每隔 3 秒播放一张幻灯片。

1. 单击"计时"标签

2. 在"开始"下拉列表框中选择"与上一动画同时"选项

3. 在"期间"下拉列表中选择"慢速（3 秒）"选项

4. 单击"确定"按钮进行应用

小智提示

在"淡化"对话框的"计时"选项卡中，"开始"下拉列表框中的选项用于决定当前所选动画条目在什么时候开始播放。

- "单击时"：默认方式，不自动播放，在放映过程中需要演示者单击幻灯片（或单击动画片控制器的"播放"按钮）后再开始。

- "与上一动画同时"：与动画列表中的上一个条目同时播放，如果其上层没有动画条目，则进入该幻灯片后（即在页面切换动画完成后）自动开始播放。

- "上一动画之后"：在动画列表中的上一个条目播放完毕后再开始播放，如果其上层没有动画条目，也将自动播放。

步骤 4　回到工作窗口中，播放动画。

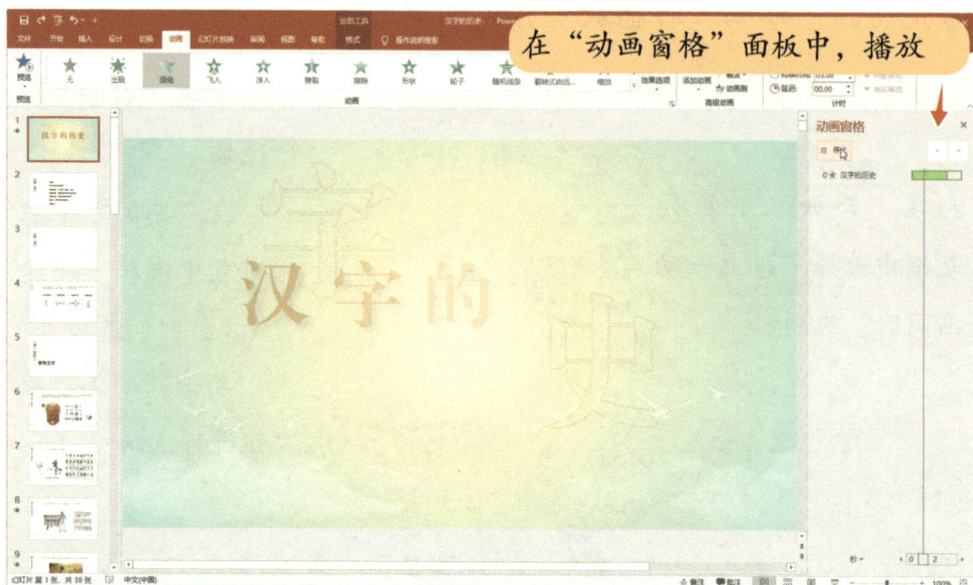

在"动画窗格"面板中，播放

步骤 5　在目录页中，添加"淡化"动画效果。

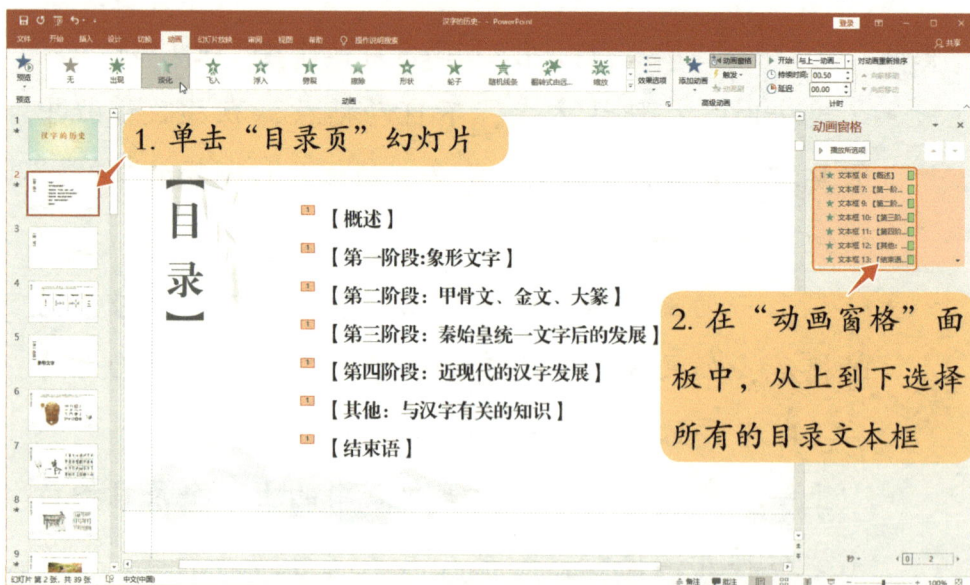

1. 单击"目录页"幻灯片

【目录】

【概述】

【第一阶段:象形文字】

【第二阶段:甲骨文、金文、大篆】

【第三阶段:秦始皇统一文字后的发展】

【第四阶段:近现代的汉字发展】

【其他:与汉字有关的知识】

【结束语】

2. 在"动画窗格"面板中，从上到下选择所有的目录文本框

💡 **小智提示**

　　要选择多个对象并为它们同时添加动画效果，在"动画窗格"面板的列表中，默认以对象被选择的先后顺序依次创建动画条目。在这些条目同时播放时，播放效果不会有什么差别；但当选择"从上一项之后开始"时，处于列表上层的（也就是先被选择的）对象将先播放。因此，在选择目录文本框时要注意按从上到下的顺序进行选择。

步骤 6　设置逐个显现的动画效果。

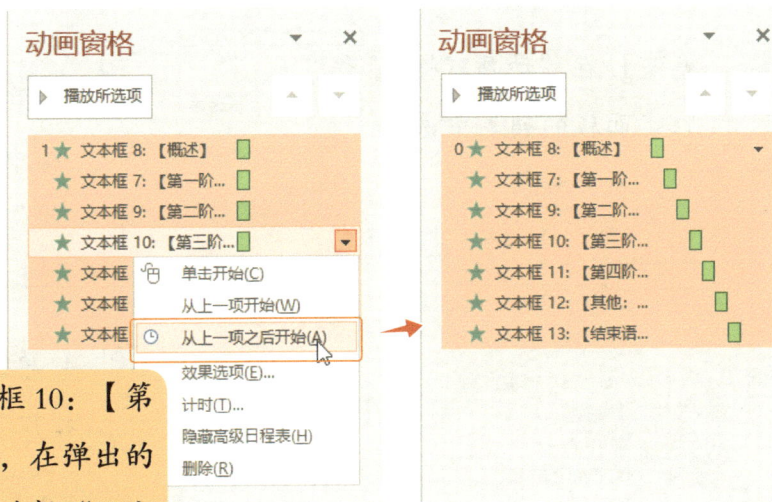

右击"文本框 10：【第三阶…】"，在弹出的快捷菜单中选择"从上一项之后开始"命令

步骤 7　预览动画效果。

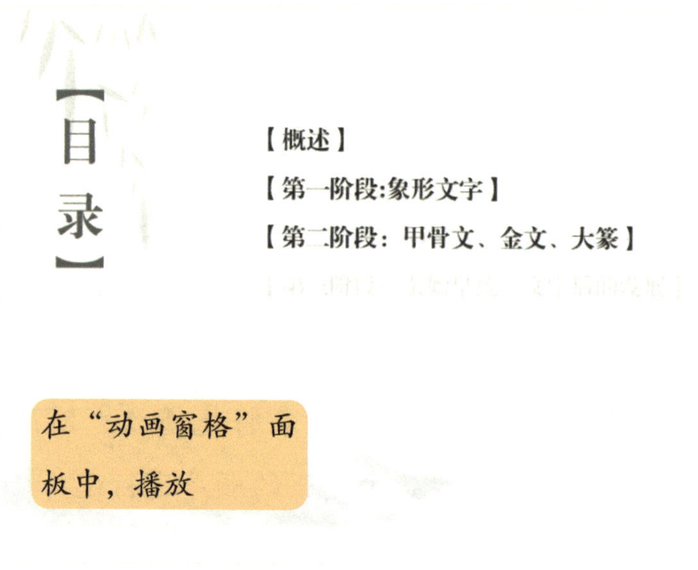

【目录】

> 在"动画窗格"面板中,播放

步骤 8　批量修改动画持续时间。

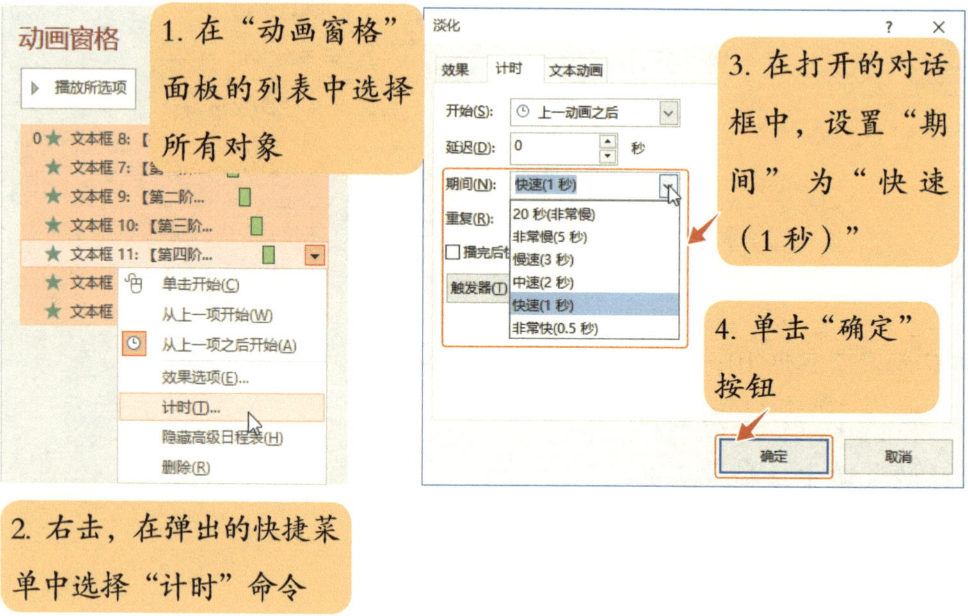

1. 在"动画窗格"面板的列表中选择所有对象

2. 右击,在弹出的快捷菜单中选择"计时"命令

3. 在打开的对话框中,设置"期间"为"快速(1秒)"

4. 单击"确定"按钮

步骤 9　预览,可以看到目录文本框逐个匀速显现的效果。

步骤 10 为结束语添加动画效果。

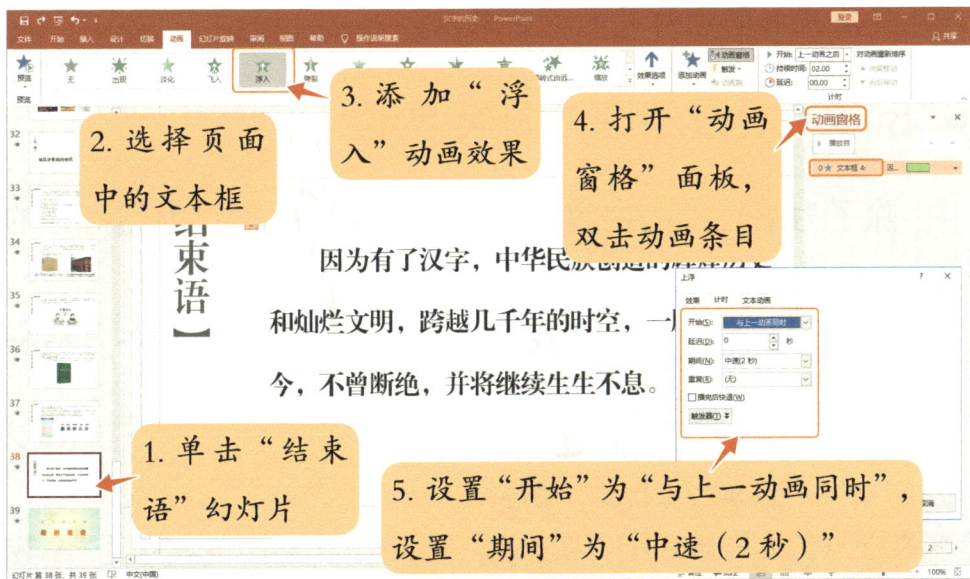

3. 添加"浮入"动画效果

4. 打开"动画窗格"面板，双击动画条目

2. 选择页面中的文本框

1. 单击"结束语"幻灯片

因为有了汉字，中华民族创造的历史悠久和灿烂文明，跨越几千年的时空，一……今，不曾断绝，并将继续生生不息。

5. 设置"开始"为"与上一动画同时"，设置"期间"为"中速（2秒）"

步骤 11 为最后一张幻灯片添加动画效果。

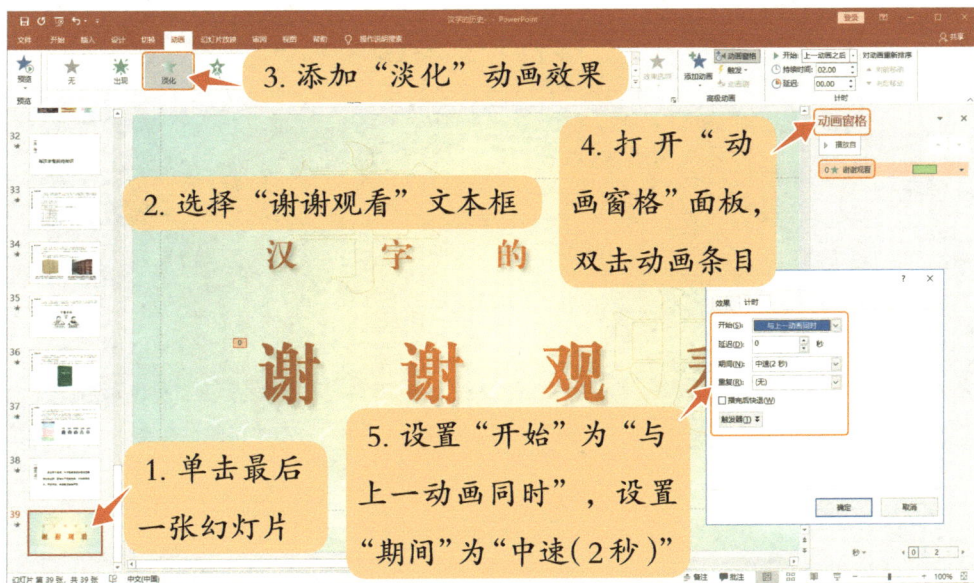

3. 添加"淡化"动画效果

4. 打开"动画窗格"面板，双击动画条目

2. 选择"谢谢观看"文本框

汉 字 的

谢 谢 观 看

1. 单击最后一张幻灯片

5. 设置"开始"为"与上一动画同时"，设置"期间"为"中速（2秒）"

步骤 12　按 Ctrl+S 快捷键进行保存。可以按 F5 快捷键，预览目前完成的幻灯片的放映效果。

第 8 节　设置幻灯片切换效果

除了为幻灯片的内容添加动画，还可以通过为幻灯片的切换设置动画样式，来全面提升幻灯片放映时的效果。

步骤 1　设置"平滑"切换效果。这个效果可用于在幻灯片切换时立即预览下一张幻灯片逐渐显现的动画效果。

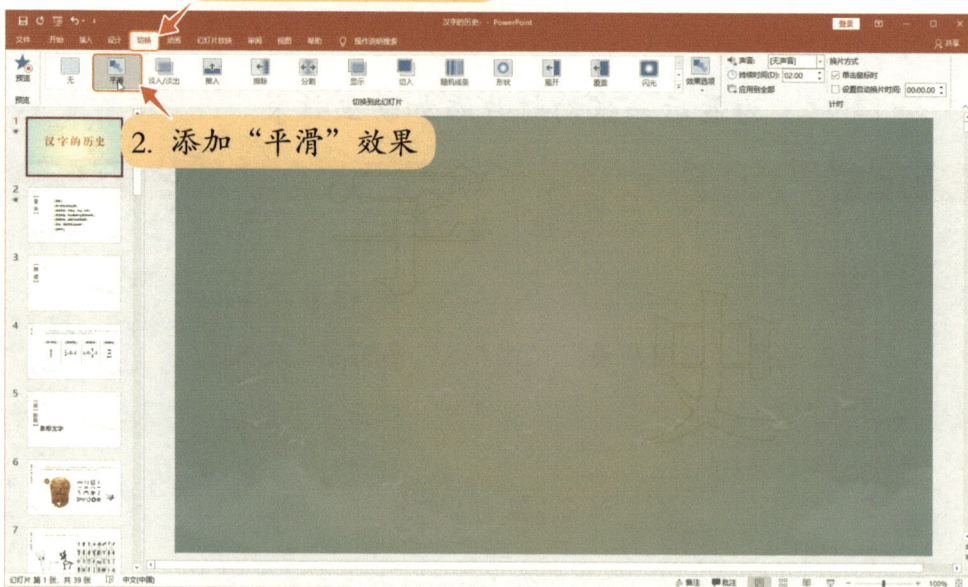

1. 单击"切换"标签

2. 添加"平滑"效果

小智提示

　　和添加动画效果一样，当为幻灯片设置切换效果时，也需要注意选择的效果能够配合演示文稿的内容主题、画面艺术风格、表现意境等。对于一个偏文化类的演示文稿，应该选择稳重、协调、平和的切换效果，才可以起到提升表现力的作用。如果选择过于跳跃、纷杂的切换效果，就会使播放效果不自然。

步骤 2　统一所有幻灯片的切换效果。

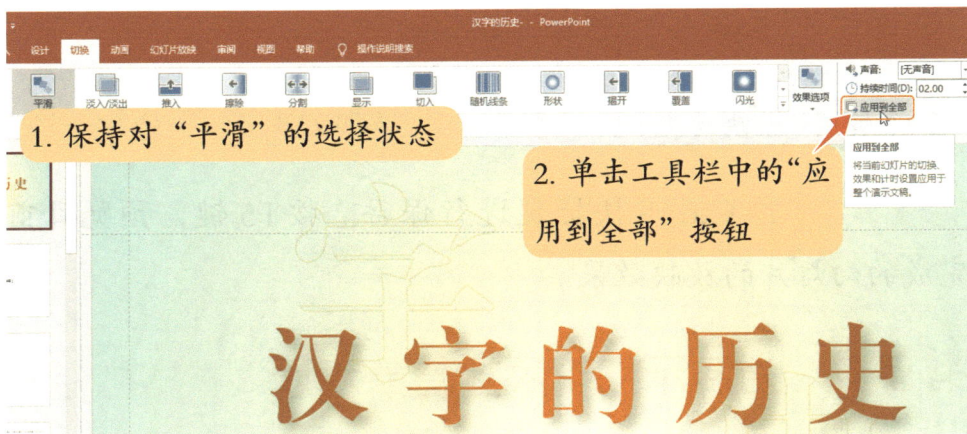

1. 保持对"平滑"的选择状态

2. 单击工具栏中的"应用到全部"按钮

步骤 3　设置切换效果选项。

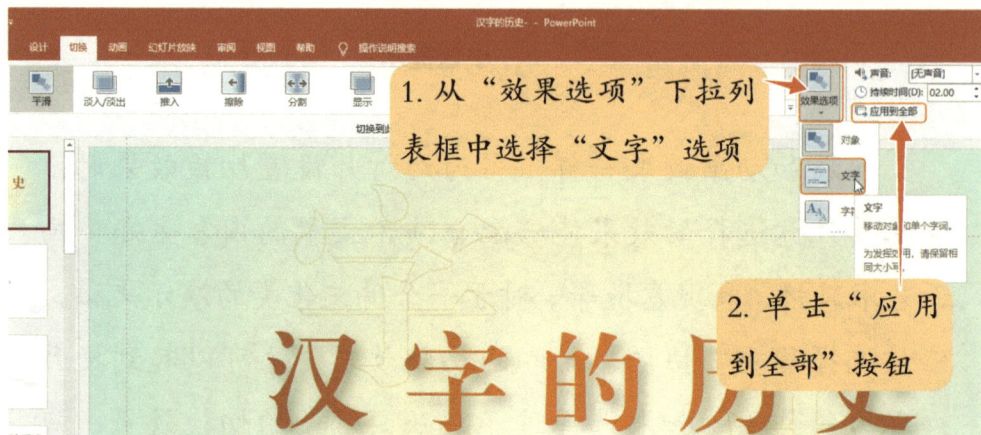

1. 从"效果选项"下拉列表框中选择"文字"选项

2. 单击"应用到全部"按钮

步骤 4 查看文字的平滑切换效果。

按 F5 键预览放映效果

步骤 5 按 Ctrl+S 快捷键进行保存。按 F5 键，预览目前完成的幻灯片的放映效果。

第9节 为演示文稿添加背景音乐

演示文稿的内容编辑工作已经全部完成，最后为演示文稿添加在放映时自动播放的背景音乐，即可完成全部工作。

步骤 1 添加音乐素材。

配套学习资源 \Reader\Chapter 4\Media\bgmusic.mp3

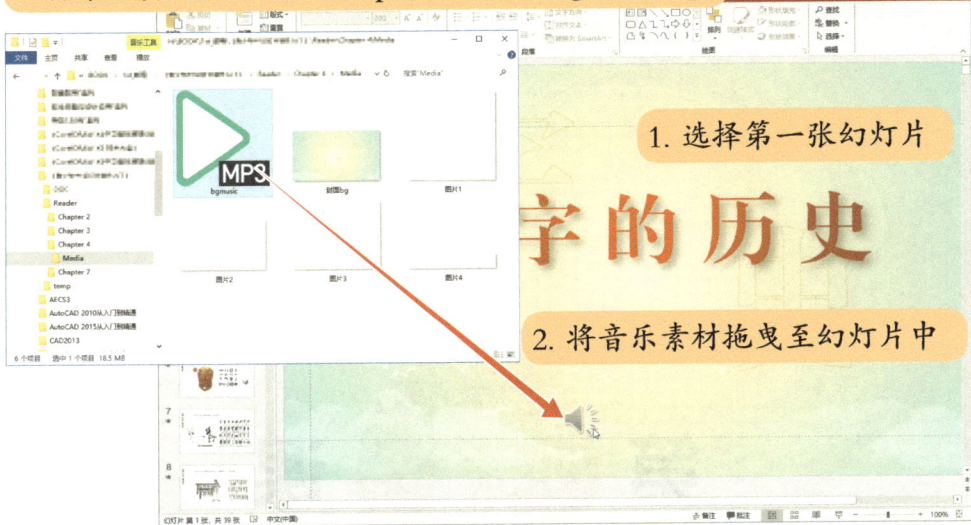

1. 选择第一张幻灯片

2. 将音乐素材拖曳至幻灯片中

步骤 2　设置音频播放选项，以中等音量播放音频。

3. 勾选"跨幻灯片播放""循环播放，直到停止""放映时隐藏"复选框

2. 单击"播放"标签

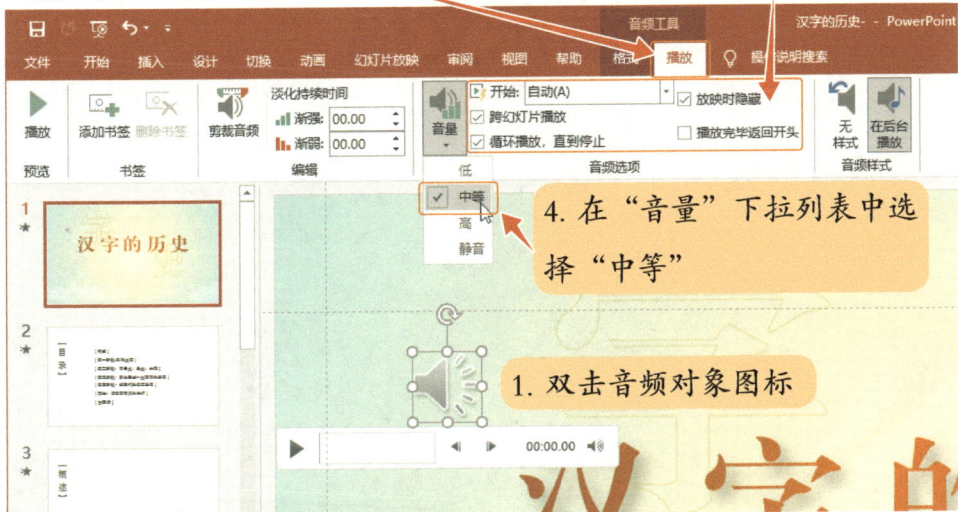

4. 在"音量"下拉列表中选择"中等"

1. 双击音频对象图标

步骤 3　按 Ctrl+S 快捷键进行保存，完成这个演示文稿的编辑制作。按 F5 键，预览这个演示文稿的最终完成效果。

第 5 课

英语课 PPT 作业：会朗读的演示文稿

做完纸质作业后，聪聪想起了老师安排的特别任务。

爸爸，今天老师给我们布置了一个新的作业，我们以前都没有做过。

哦？是什么样的作业呢？

今天英语课上，老师给我们播放录音磁带。因为只有声音，所以有的同学听不出来录音里朗读的内容对应的是书上的哪一句，就问老师有没有办法解决。老师提议每个小组负责做一课的朗读教学演示文稿，谁做得好，以后就用谁做的演示文稿来上课。

同学们都踊跃报名，我也很想做好这个作业，可我都不知道这个可以朗读的演示文稿该怎么弄。

原来是这样啊，这个确实和之前做过的不一样，但也不算复杂，很容易学会的。

真的吗？老师夸我上次的演示文稿做得好。爸爸，这次也请您继续教我用 PowerPoint 做这个可以朗读出声音的演示文稿吧。

没问题，明天就是周末了，我们就一起来完成吧。

第 1 节　制作演示文稿前的准备工作

需要准备的素材包括英语课本中页面的图片和要朗读的音频。英语课本中页面的图片可以用手机或数码相机拍照得到；音频素材则可以通过录音设备录制下来，也可以直接从网络中搜索，再参考课本进行剪辑，最后按照课本顺序进行编排。

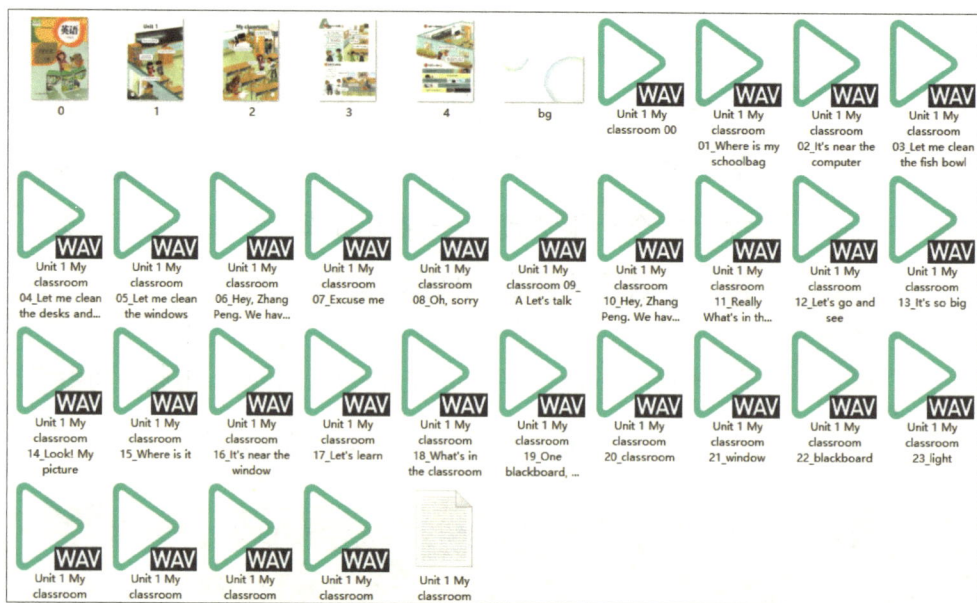

配套学习资源 \Reader\Chapter 5\Media

在开始制作本实例之前，可以打开本实例的完成文件，按 F5 键对这个演示文稿的完成效果进行预览。

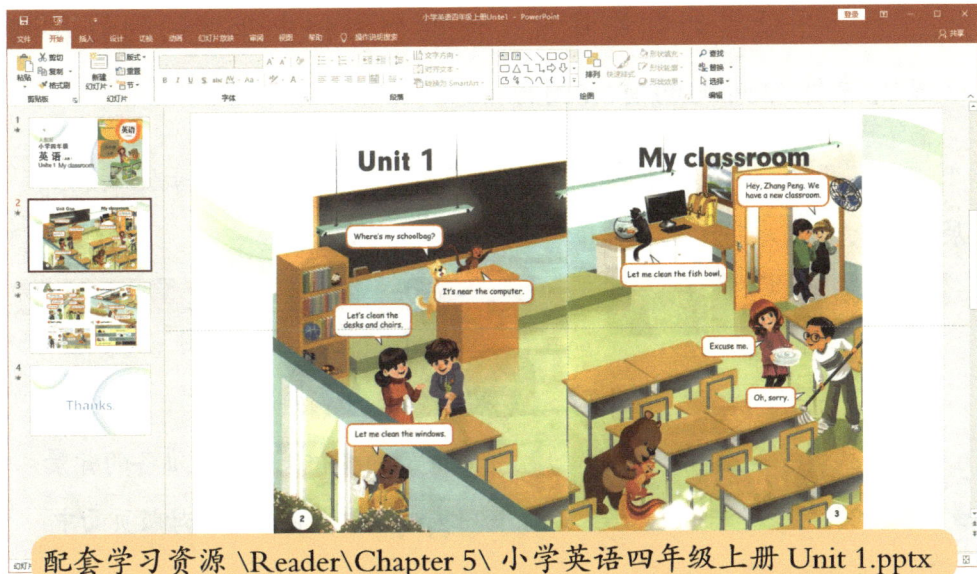

配套学习资源 \Reader\Chapter 5\ 小学英语四年级上册 Unit 1.pptx

在放映到课本中内容的页面时，即将朗读的英语语句的边框会出现彩色变换效果，将鼠标指针移动到上面后将自动播放该语句；在页面中的空白处单击，下一条要朗读的英语语句的边框将出现彩色变换效果，待鼠标指针移动上去后播放语音，以此类推。

第 2 节　编辑演示文稿的图像内容

这个演示文稿的主要用途是辅助英语课堂的朗读教学，属于教学课件，所以不用在视觉图像方面做太多的编辑，工作重点是在英语课本中内容页面的图片上实现英语语句的指读功能。

我们先来完成演示文稿的图像内容页面的制作。

步骤 1　启动 PowerPoint，新建一张空白的幻灯片。

步骤 2 设置幻灯片背景，使整个文档中新建的幻灯片都以该图片作为固定的背景图像。

1. 单击"视图"标签，再单击"视图"选项卡中的"幻灯片母版"按钮，展开"幻灯片母版"选项卡

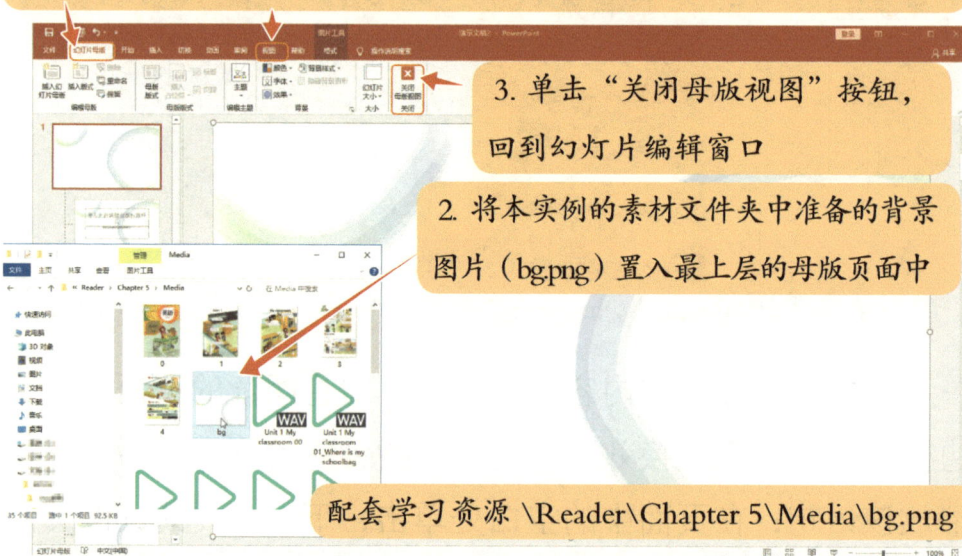

3. 单击"关闭母版视图"按钮，回到幻灯片编辑窗口

2. 将本实例的素材文件夹中准备的背景图片（bg.png）置入最上层的母版页面中

配套学习资源 \Reader\Chapter 5\Media\bg.png

步骤 3 添加封面图片。

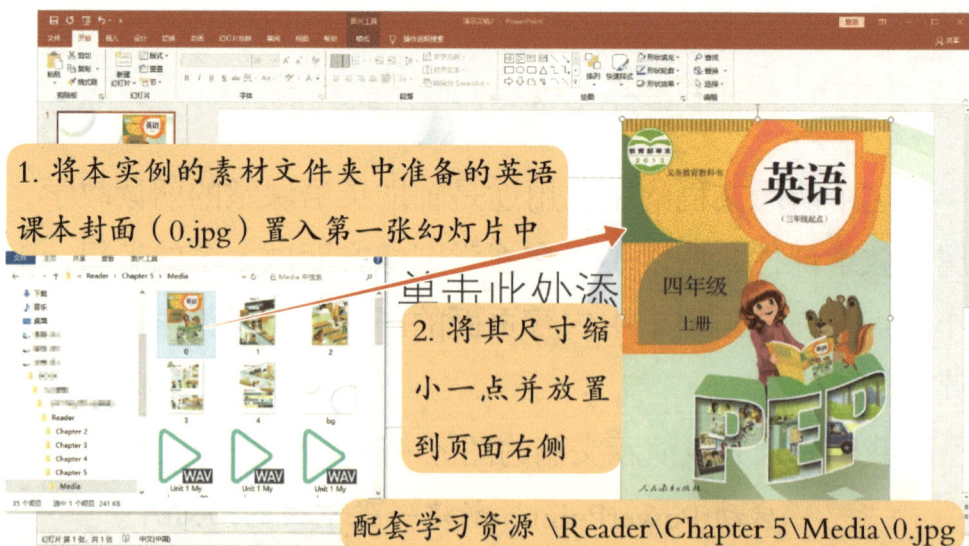

1. 将本实例的素材文件夹中准备的英语课本封面（0.jpg）置入第一张幻灯片中

2. 将其尺寸缩小一点并放置到页面右侧

配套学习资源 \Reader\Chapter 5\Media\0.jpg

步骤 4　添加标题文字。

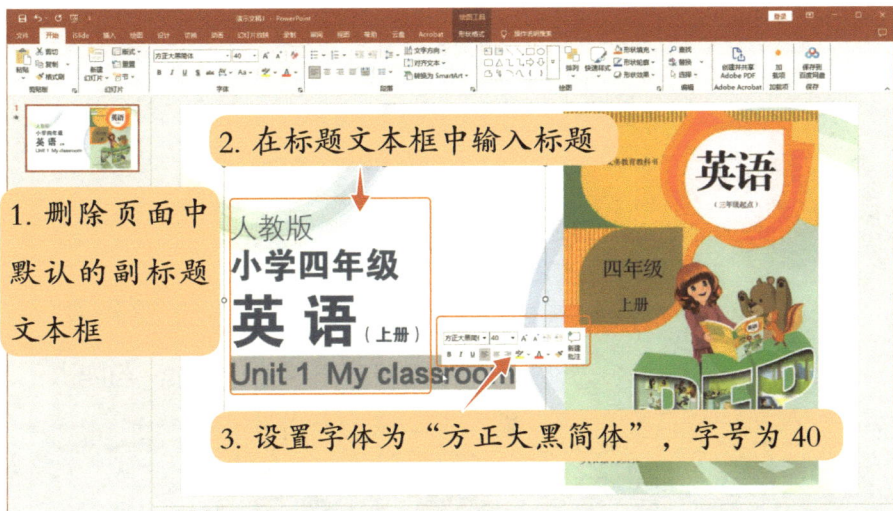

2. 在标题文本框中输入标题

1. 删除页面中默认的副标题文本框

3. 设置字体为"方正大黑简体"，字号为 40

步骤 5　按 Ctrl+S 快捷键或 F12 键，将演示文稿以"小学英语四年级上册 Unit 1"命名并保存到计算机中的指定位置。

步骤 6　新建幻灯片。新建 3 张空白幻灯片并删除默认的文本框。

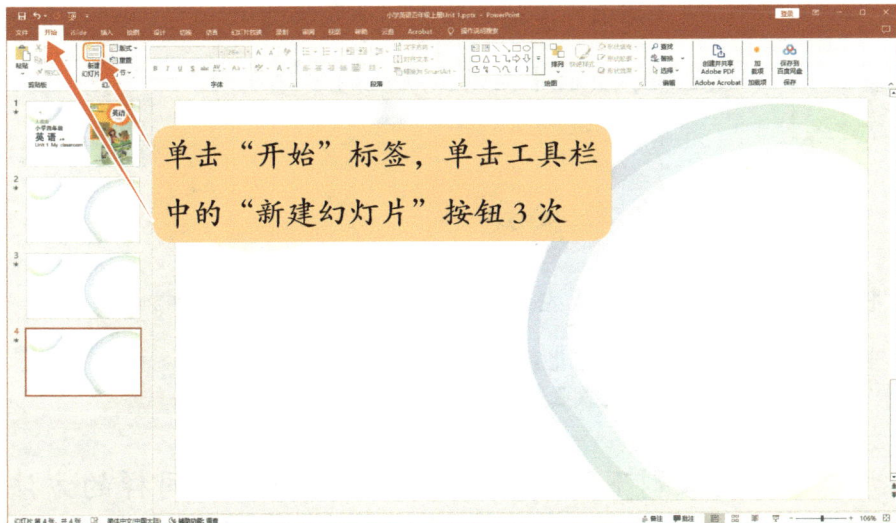

单击"开始"标签，单击工具栏中的"新建幻灯片"按钮 3 次

步骤7 置入课文图片。

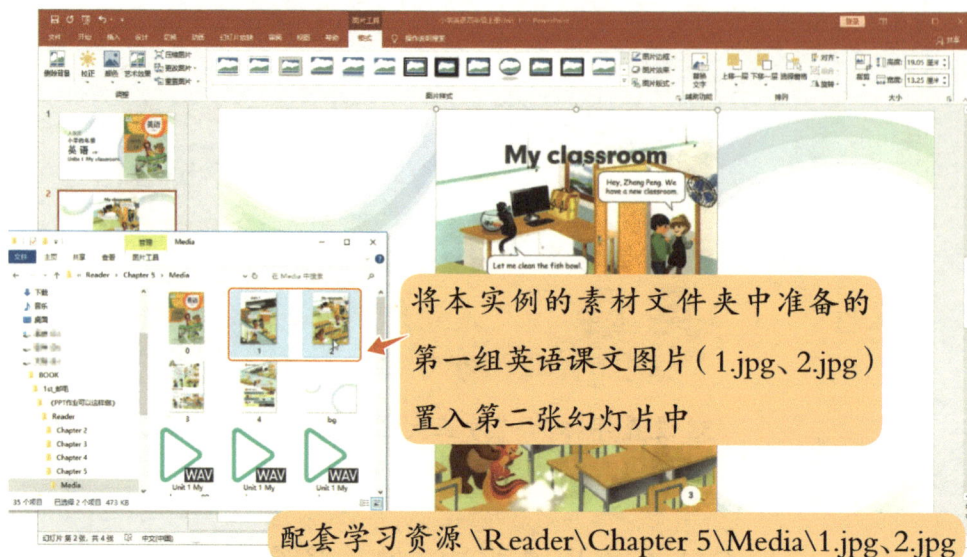

将本实例的素材文件夹中准备的第一组英语课文图片（1.jpg、2.jpg）置入第二张幻灯片中

配套学习资源 \Reader\Chapter 5\Media\1.jpg、2.jpg

步骤8 对齐图片。

1. 在"视图"选项卡中勾选"参考线"复选框，页面中显示出默认的参考线

2. 将置入的课文图片按从左到右的顺序，以垂直参考线作为接缝线进行对齐放置

步骤9 置入剩下的图片并使它们对齐。用同样的方法，在第三张幻灯片中置入素材文件夹中准备的第二组英语课文

图片（3.jpg、4.jpg）并进行对齐放置。

配套学习资源 \Reader\Chapter 5\Media\3.jpg、4.jpg

步骤 10　添加艺术字。

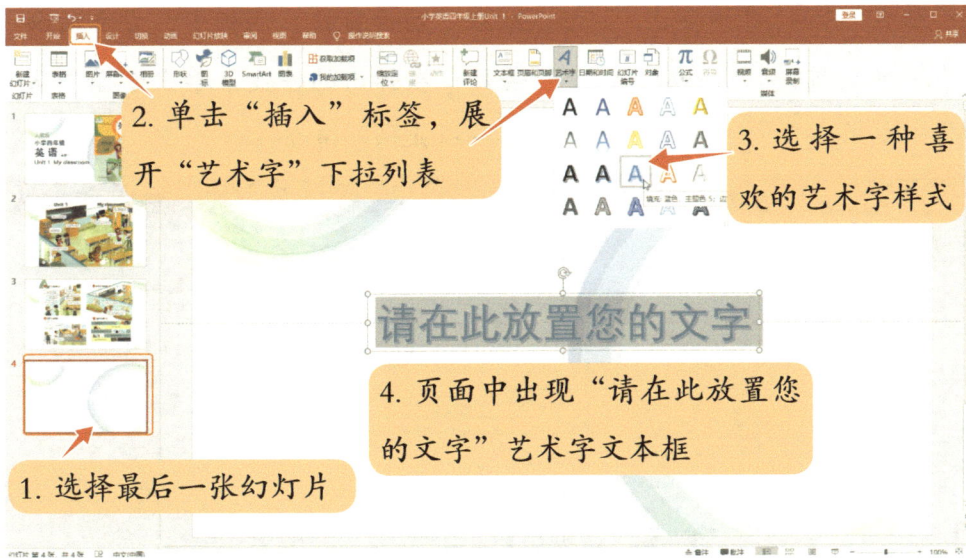

2.单击"插入"标签，展开"艺术字"下拉列表

3.选择一种喜欢的艺术字样式

请在此放置您的文字

4.页面中出现"请在此放置您的文字"艺术字文本框

1.选择最后一张幻灯片

步骤 11　输入结束感谢语。

1. 在艺术字文本框中输入"Thanks."

Thanks.

2. 设置字体为"等线（正文）"，字号为"115"

步骤 12 添加动画效果。给文字添加"淡化"（或者其他）动画效果，并编辑命令使其在放映进入该张幻灯片时以动态方式自动逐渐显现。

1. 展开"动画"选项卡，为结束感谢语添加"淡化"效果

2. 在"动画窗格"面板中，右击动画条目，在弹出的快捷菜单中选择"从上一项开始"命令

Thanks.

步骤 13 按 Ctrl+S 快捷键保存已经完成的工作。

第3节 幻灯片"说话"啦：实现英语语句的指读播放

本节将介绍如何实现英语教学课件幻灯片的主要功能——英语语句的指读播放。

步骤 1   置入音频素材，为封面页添加开始放映时播放的引导音频。

配套学习资源 \Reader\Chapter 5\Media\Unit 1 My classroom 00.wav

步骤 2   设置音频播放选项，使音频在幻灯片开始放映当前幻灯片时自动播放。

2. 单击"播放"标签

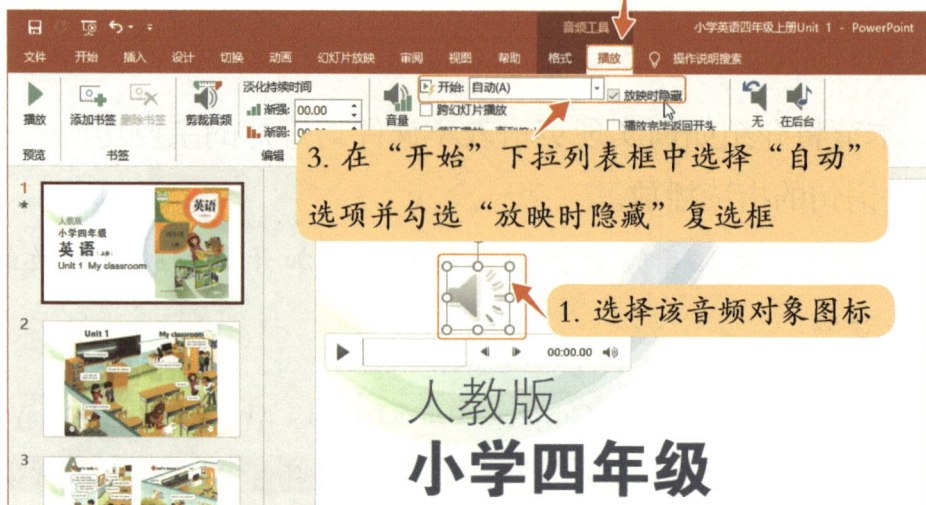

3. 在"开始"下拉列表框中选择"自动"
选项并勾选"放映时隐藏"复选框

1. 选择该音频对象图标

步骤 3 添加声音图标。

2. 单击"插入"标签

1. 进入第二张幻灯片

3. 在"形状"下拉列表中选择"动作按钮：声音"工具

4. 在页面中绘制出一个矩形声音图标

步骤 4 添加音频文件。绘制了图标后，有一个自动弹出的"操作设置"对话框。

1. 展开"鼠标悬停"选项卡，勾选"播放声音"复选框

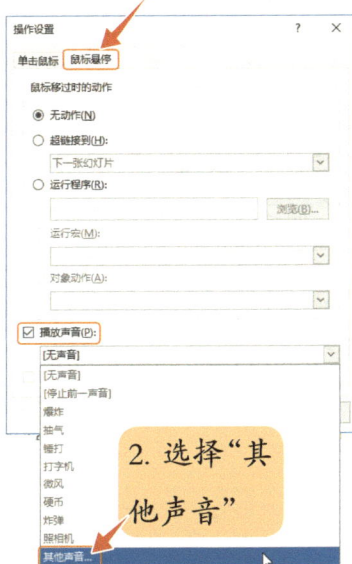

3. 在弹出的"添加音频"对话框中，选择本实例的素材文件夹中准备的第一个英语语句的音频文件

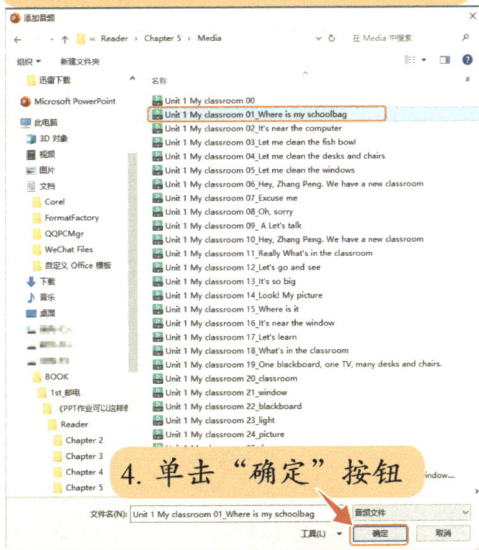

2. 选择"其他声音"

4. 单击"确定"按钮

配套学习资源 \Reader\Chapter 5\Media\Unit 1 My classroom 01_Where is my schoolbag.wav

💡 小智提示

　　以素材形式直接置入幻灯片中的音频文件可以是 MP3 格式或 WAV 格式，这些格式都可以正常播放。通过"动作按钮：声音"工具添加的音频文件的格式必须为 WAV 格式，才可以正常添加。

步骤5 更改对象形状。

2. 在"格式"选项卡中，从"编辑形状"下拉列表中选择"更改形状"命令，在弹出的列表中选择"矩形：圆角"形状

1. 选中页面中的音频图标

3. 将绘制的音频图标更改为圆角矩形

步骤6 设置和调整音频图标，并使其与课文图片中第一个英语语句所在的文本框对齐。

设置形状格式

形状选项 文本选项

1. 打开"设置形状格式"面板

填充

○ 无填充(N)

2. 修改音频图标形状的"颜色"为白色，"透明度"为"100%"

○ 幻灯片背景填充(B)

颜色(C)

透明度(T)　　　100%

▲ 线条

○ 无线条(N)

● 实线(S)

○ 渐变线(G)

3. 修改线条的"颜色"为橙色，"宽度"为"2磅"

颜色(C)

透明度(T)　0%

宽度(W)　　2磅

复合类型(C)

4. 调整音频图标的位置和大小

Where's my schoolbag?

near the computer.

💡 小智提示

添加的音频图标将以有颜色填充的区域作为响应范围，因此不能将其颜色设置为"无填充"，但是可以将其颜色设置为完全透明的，以使其在正常显示出背景图片内容的同时，具有正常的响应范围。

步骤 7　添加动画效果。

1. 单击 "动画" 标签

2. 从下拉列表中选择 "线条颜色" 并应用到音频图标上

步骤 8　设置动画效果。

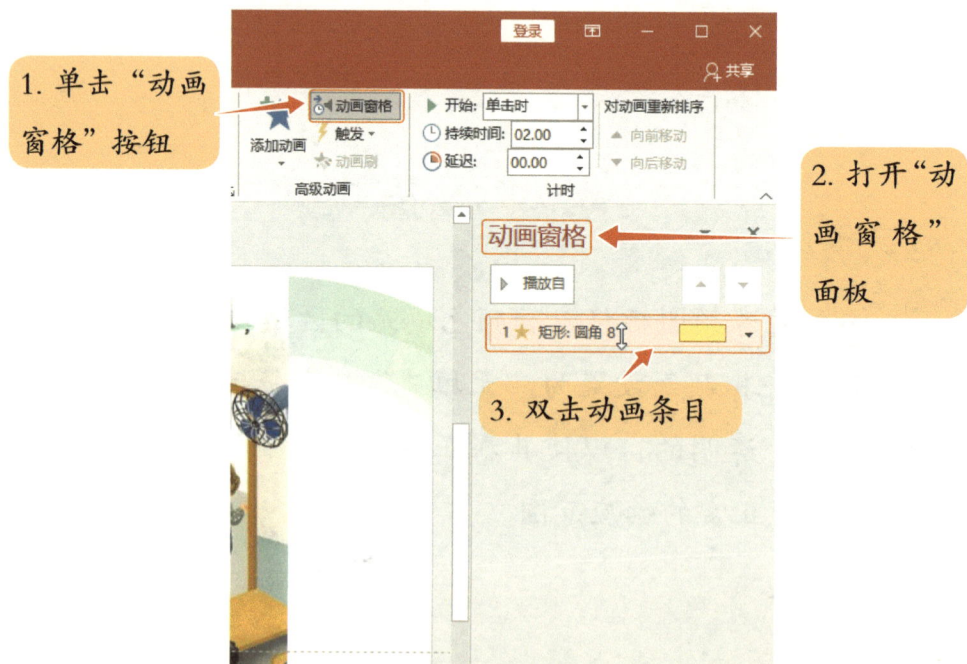

1. 单击 "动画窗格" 按钮

2. 打开 "动画窗格" 面板

3. 双击动画条目

4. 打开"线条颜色"对话框

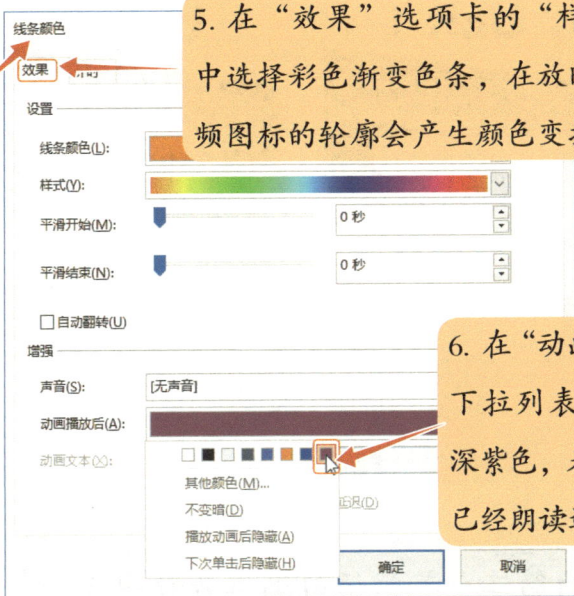

线条颜色

效果

设置

线条颜色(L):
样式(Y):
平滑开始(M): 0 秒
平滑结束(N): 0 秒

□ 自动翻转(U)

增强

声音(S): [无声音]
动画播放后(A):
动画文本(X):

其他颜色(M)...
不变暗(D)
播放动画后隐藏(A)
下次单击后隐藏(H)

确定   取消

5. 在"效果"选项卡的"样式"下拉列表中选择彩色渐变色条，在放映该条目时，音频图标的轮廓会产生颜色变换的动画效果

6. 在"动画播放后"下拉列表框中选择深紫色，表示此条是已经朗读过的音频

步骤 9 进一步设置动画效果。

线条颜色

效果   计时

开始(S): 与上一动画同时
延迟(D): 0   秒
期间(N): 快速(1 秒)
重复(R): 直到下一次单击

□ 播完后倒

触发器(T)

[无]
2
3
4
5
10
直到下一次单击
直到幻灯片末尾

确定   取消

1. 在"线条颜色"对话框中，单击"计时"标签

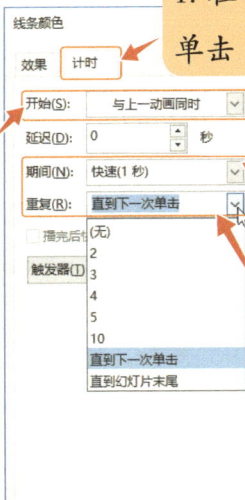

2. 在"开始"下拉列表框中选择"与上一动画同时"，使第一个英语语句所在的文本框在放映到这一页时就开始播放轮廓颜色变换动画

3. 设置"期间"为"快速（1秒）"，即 1 秒的时间内完成一遍颜色的变换循环

4. 设置"重复"为"直到下一次单击"，直到下一次单击动作之前，重复播放轮廓颜色变换动画

5. 单击"确定"按钮进行应用

步骤 10 为第二个英语语句编辑音频图标。参考英语课文内容的语音朗读顺序，对编辑好的第一个英语语句的音频图标进行复制。

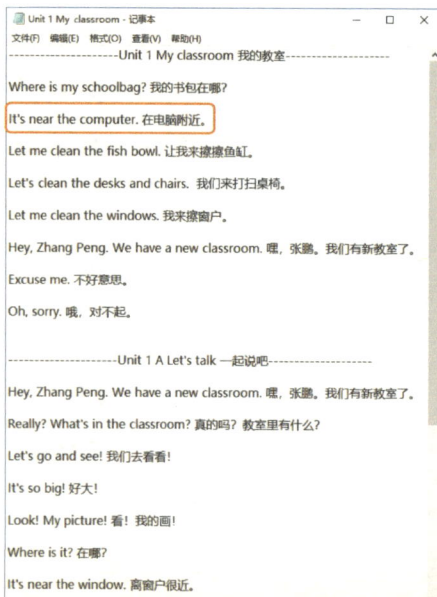

配套学习资源 \Reader\Chapter 5\Media\ Unit 1 My classroom.txt

将新得到的音频图标移动到第二个英语语句所在的文本框上，并调整好位置和大小

步骤 11 更改播放的音频。

1. 在第二个英语语句的音频图标上右击，在弹出的快捷菜单中选择"超链接"命令

2. 打开"操作设置"对话框

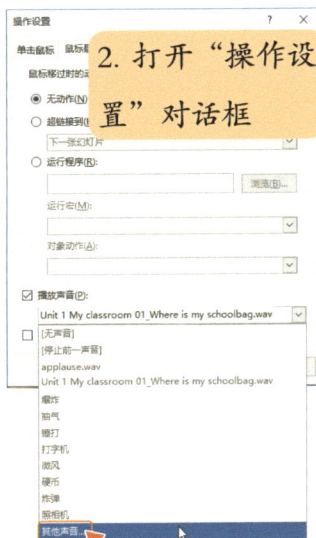

3. 在"鼠标悬停"选项卡中，从"播放声音"下拉列表框中选择"其他声音"

步骤 12 更改音频图标链接的音频文件。

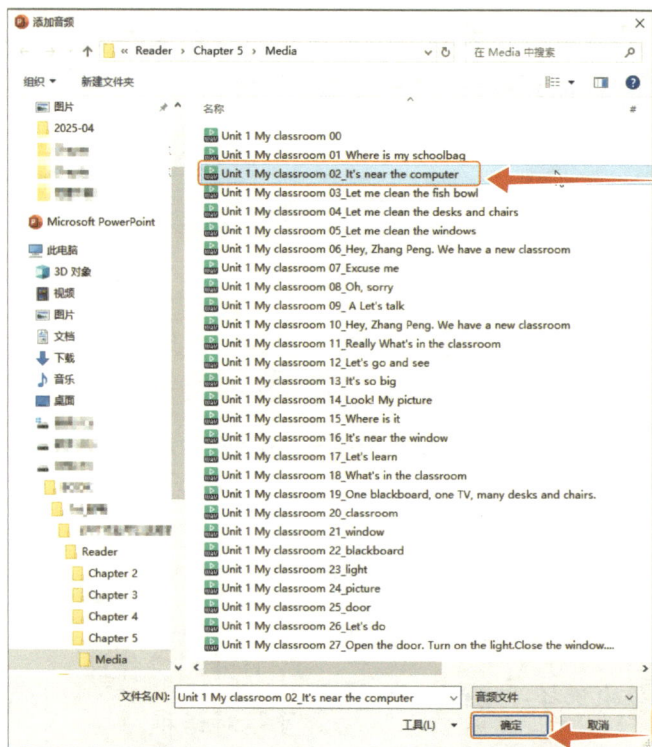

1. 在"添加音频"对话框中选择第二个英语语句的音频文件

2. 单击"确定"按钮

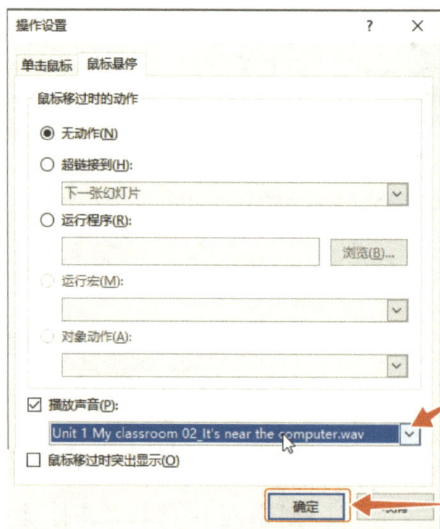

3. 为幻灯片中第二个英语语句的音频图标链接对应的音频文件

4. 单击"确定"按钮

步骤 13　编辑其他的音频图标。参考前面的方法，按顺序为页面中其他的英语语句添加音频图标，在调整其位置和大小后，再为其链接对应语句的音频文件。

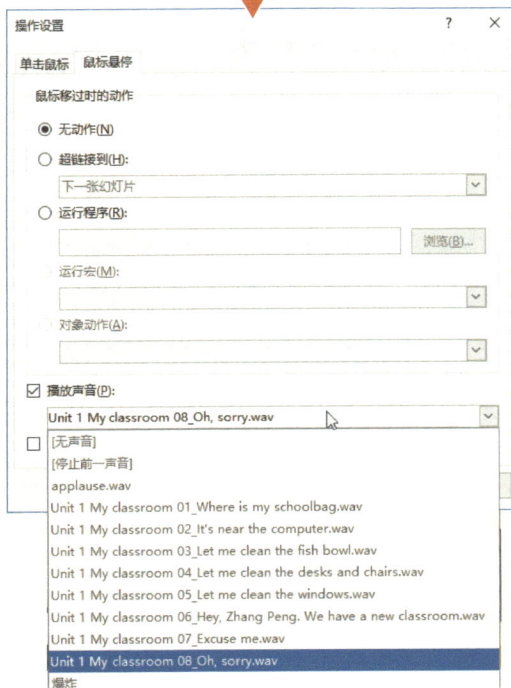

步骤 14　设置用鼠标操作来依次播放动画条目。

小智提示

按 Shift+F5 快捷键，对当前幻灯片进行预览，将鼠标指针移动到每一个英语语句的音频图标上后，都可以播放对应的朗读语音。

但是现在在放映幻灯片时，所有的音频图标都在同时变换颜色。这是因为每个音频图标上的线条颜色变换都是同时进行的，那如何解决这个问题呢？

动画窗格

▶ 播放所选项

0 ★ 矩形: 圆角 8
★ 矩形: 圆角 5
★ 矩形: 圆角 7
★ 矩形: 圆角 9
★ 矩形: 圆角 10
★ 矩形: 圆角 11
★ 矩形: 圆角 12
★ 矩形: 圆角 13

与上一动画同时
强调
线条颜色: 矩形: 圆角 13

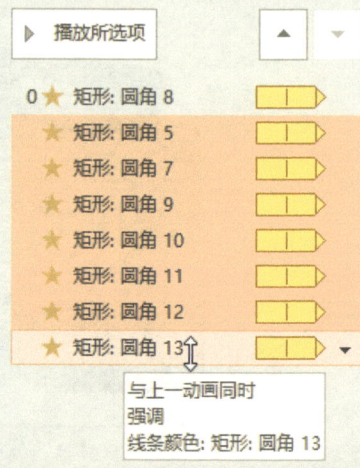

1.在"动画窗格"面板中，选择第二个英语语句对应的动画条目，在按住 Shift 键的同时单击最下面的条目，将这些连续的条目全部选中

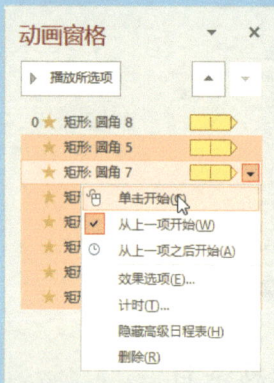

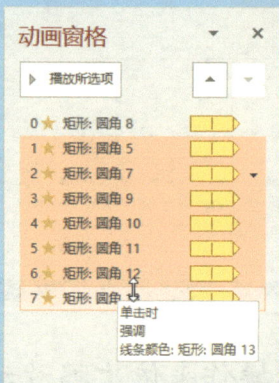

动画窗格

▶ 播放所选项

0 ★ 矩形: 圆角 8
★ 矩形: 圆角 5
★ 矩形: 圆角 7
★ 矩 单击开始(C)
✓ 从上一项开始(W)
⏱ 从上一项之后开始(A)
效果选项(E)...
计时(T)
隐藏高级日程表(H)
删除(R)

动画窗格

▶ 播放所选项

0 ★ 矩形: 圆角 8
1 ★ 矩形: 圆角 5
2 ★ 矩形: 圆角 7
3 ★ 矩形: 圆角 9
4 ★ 矩形: 圆角 10
5 ★ 矩形: 圆角 11
6 ★ 矩形: 圆角 12
7 ★ 矩形: 圆角 13

单击时
强调
线条颜色: 矩形: 圆角 13

2.在选择的区域内右击，在弹出的快捷菜单中选择"单击开始"命令，使列表中选择的条目的前面从上到下显示出从 1 到 7 的序号

现在预览当前幻灯片，当在音频图标范围以外的区域进行单击后，会依次播放音频图标的轮廓颜色变换动画。

步骤 15 音频图标编辑完成。参考前面的操作步骤，设置动画条目按鼠标操作来响应的播放顺序。

为下一张幻灯片中的英语语句所在的文本框依次添加音频图标，并重新调整对应的音频文件

步骤 16 按 Ctrl+S 快捷键进行保存。按 F5 键，对当前编辑完成的幻灯片效果进行预览，仔细检查每一个音频图标的指读情况，对有问题的对象及时修改调整。

第 4 节　设置页面切换效果

最后，为演示文稿添加一个类似于图书翻页的页面切换效果，使这个演示文稿更加生动。

步骤 1　应用页面切换效果。为所有页面应用"剥离"切换效果。

步骤 2　按 Ctrl+S 快捷键进行保存，完成这个演示文稿的制作。按 F5 键，预览最终效果。

第 **6** 课

把视频加进演示文稿：
开心游乐园

爸爸正在书房看书，聪聪跑过去跟他说话。

爸爸，我忽然想到一个问题。昨天晚上，我看到妈妈在看手机，一边看还一边笑。我跑过去看，原来她在看手机里拍的视频，有我小时候的很多视频，还有我们一起去旅游的时候、逛动物园和游乐园的时候拍的，可有趣啦。

哈哈，你是不是也发现你小时候特别可爱呀？那这个有什么问题呢？

咱们之前做演示文稿的时候，都是把图片加进去做的。视频能不能加进演示文稿里呢？我记得好像在哪儿看到过这个功能，但没有尝试过。如果可以的话，我们就能把演示文稿做得更好看啦。

哦，原来是这个问题呀。我现在就告诉你，当然是可以的。

哈哈，我果然猜对了。那我们能一起做一个吗？把妈妈手机里面拍的那些有趣的视频都放进去。

当然可以。爸爸现在就教你做一个可以播放视频的演示文稿，再教你用另外一个特别的功能，轻松地把演示文稿做得更有动感。

真的啊？太好啦！我马上去叫妈妈，让她把手机里面的视频发给我们，我们今天就把它做出来。

154

第 1 节　制作演示文稿的准备工作

　　在放映演示文稿时，主要展示视频的内容，所以除了需要的视频文件外，准备一张背景图和一首背景音乐就可以了。

　　在开始制作本实例之前，可以打开本实例的完成文件，按 F5 键进行放映，对这个演示文稿的完成效果进行预览。

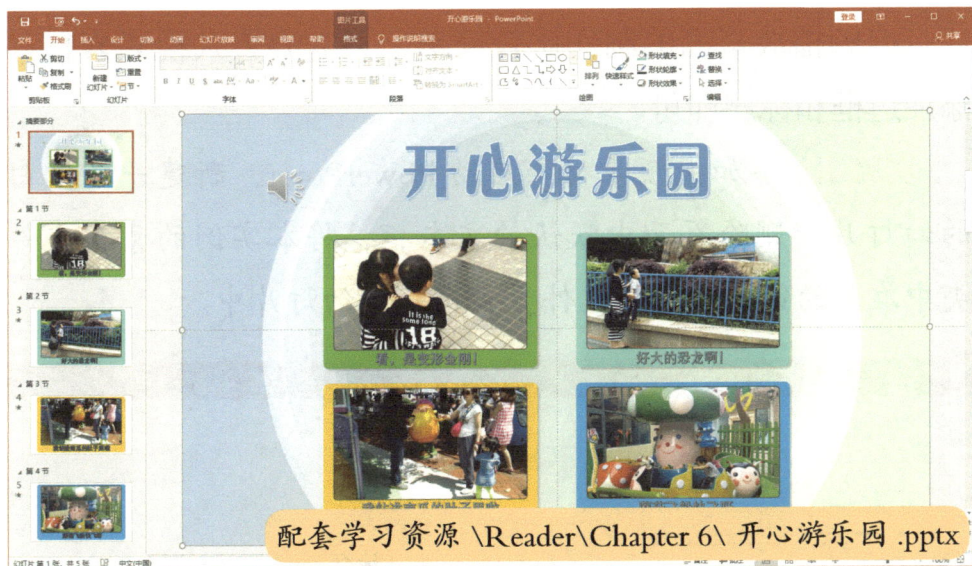

配套学习资源 \Reader\Chapter 6\ 开心游乐园 .pptx

小智提示

　　这个演示文稿的内容比较简单，我们将利用一个方便又实用的功能——缩放定位，快速将编排好的多张幻灯片以缩略图的方式集成在一张幻灯片中，使它成为浏览整个演示文稿的导览页。在放映时，只需要在缩略图中单击，即可进入该页面并播放视频；看完视频后，在空白区域单击，又可以回到导览页中，再选择进入其他页面。

第2节　视频播放页面的制作

视频播放页面的制作比较简单，只需要置入视频素材并添加边框和标题即可。

步骤 1　添加视频素材。启动 PowerPoint，新建一张空白的幻灯片。删除页面中默认的文本框，将本实例的素材文件夹中准备的第一个视频文件置入第一张幻灯片中。

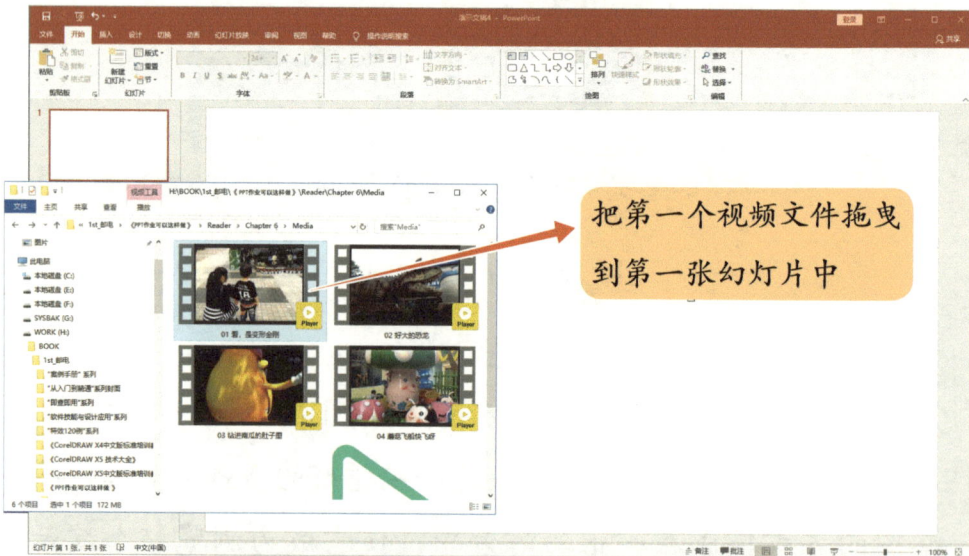

把第一个视频文件拖曳到第一张幻灯片中

配套学习资源 \Reader\Chapter 6\Media\01 看，是变形金刚！.mp4

步骤 2　修改尺寸并调整位置。

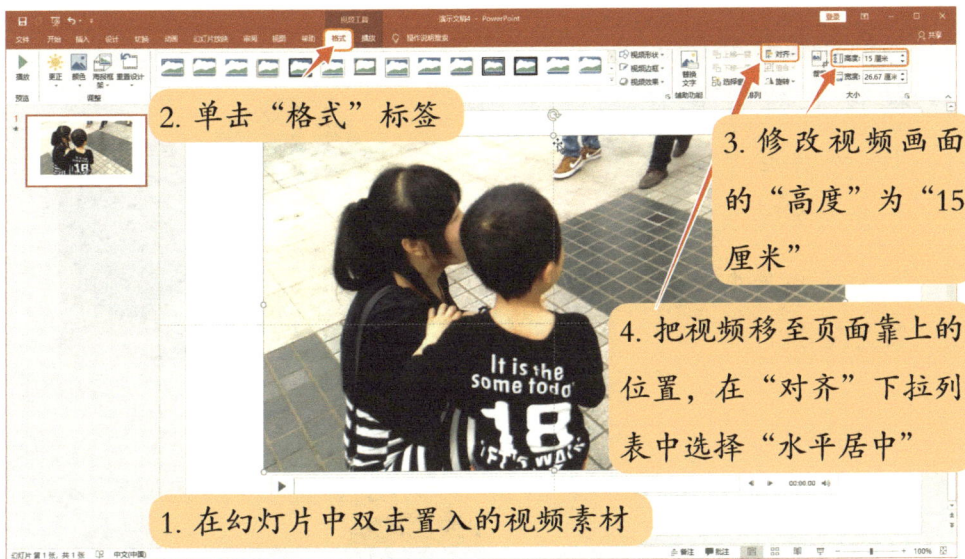

2. 单击"格式"标签

3. 修改视频画面的"高度"为"15厘米"

4. 把视频移至页面靠上的位置，在"对齐"下拉列表中选择"水平居中"

1. 在幻灯片中双击置入的视频素材

步骤 3　修改视频画面的形状，将视频画面的外形修改成圆角矩形。

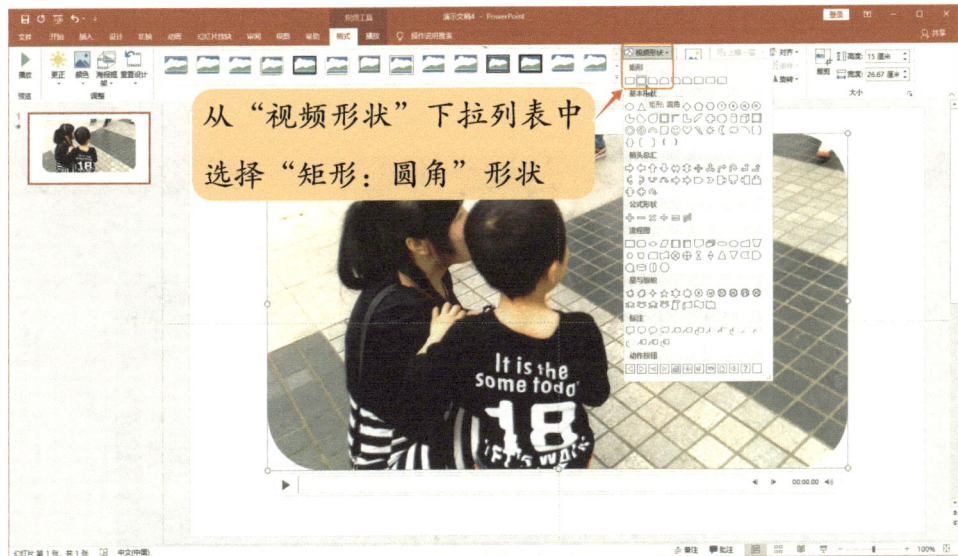

从"视频形状"下拉列表中选择"矩形：圆角"形状

步骤 4　修改圆角大小。按住鼠标左键并向外拖曳，缩小视频画面的圆角尺寸。

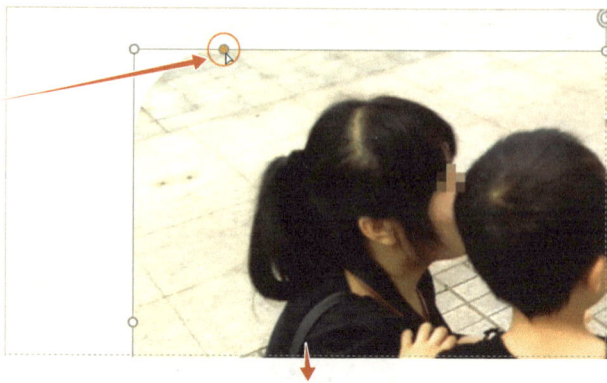

把鼠标指针放在框线上的黄点上，再按住鼠标左键向外拖曳，缩小视频画面的圆角尺寸

步骤 5 设置视频边框。

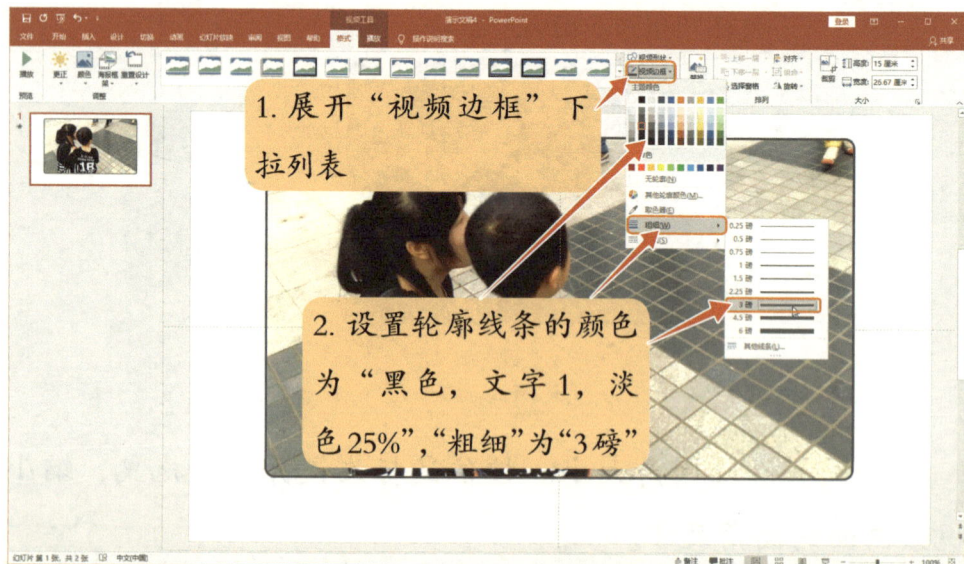

1. 展开"视频边框"下拉列表

2. 设置轮廓线条的颜色为"黑色，文字1，淡色25%"，"粗细"为"3磅"

步骤 6　设置视频播放选项，使其在进入该页面后自动开始播放，且在返回导览页之前，可以在该页面循环播放。

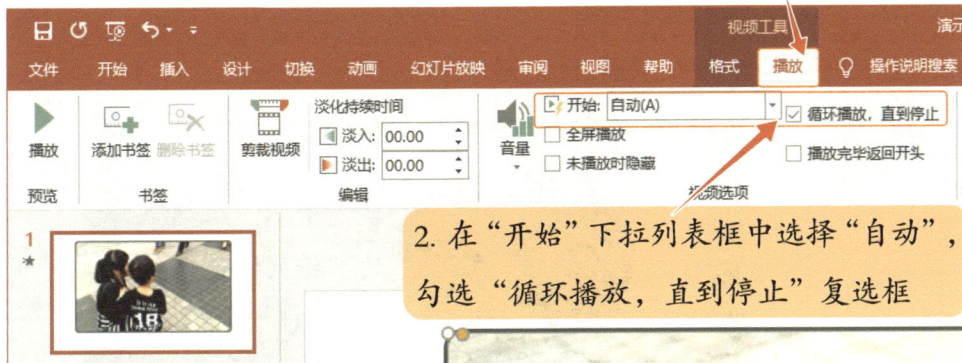

1. 单击"播放"标签

2. 在"开始"下拉列表框中选择"自动"，勾选"循环播放，直到停止"复选框

步骤 7　绘制圆角矩形。

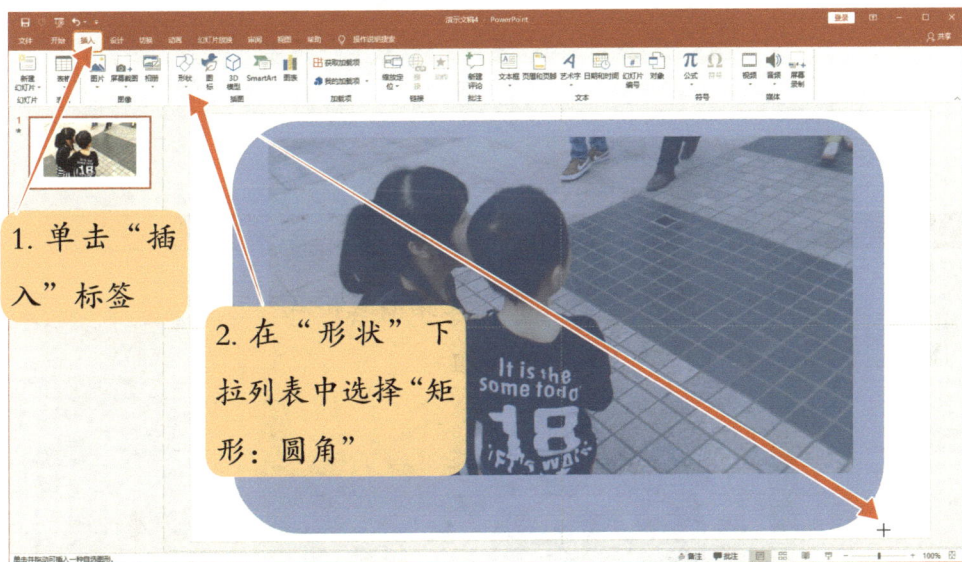

1. 单击"插入"标签

2. 在"形状"下拉列表中选择"矩形：圆角"

3. 在页面中绘制一个可以覆盖住视频画面的圆角矩形，在视频画面的下面多留出一部分，用于添加标题

步骤 8 设置背景形状和层次。用步骤 4 中的方法缩小其圆角大小，修改其填充色为绿色并取消边框；将其放置在视频画面的下层，并与视频画面垂直居中对齐。

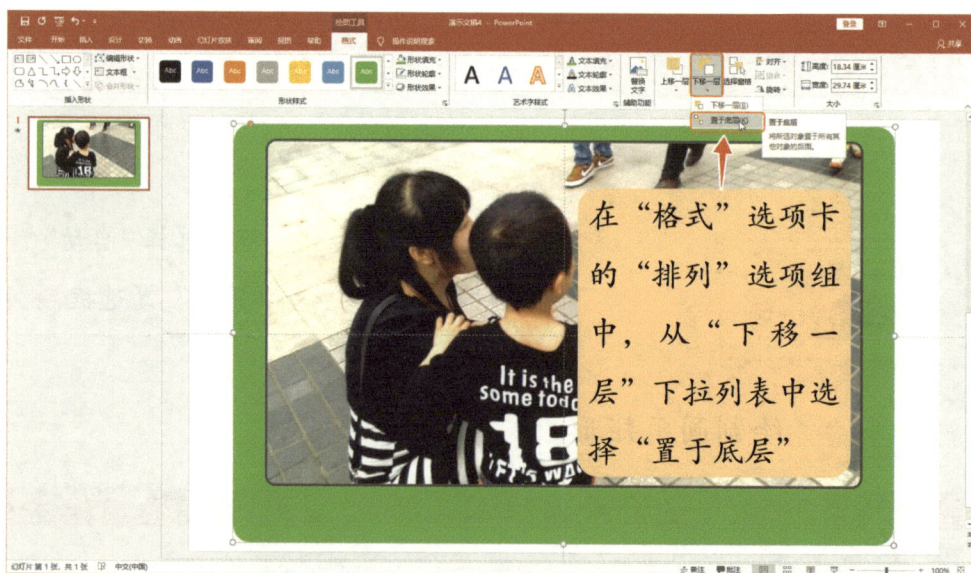

在"格式"选项卡的"排列"选项组中，从"下移一层"下拉列表中选择"置于底层"

步骤 9 设置阴影效果。

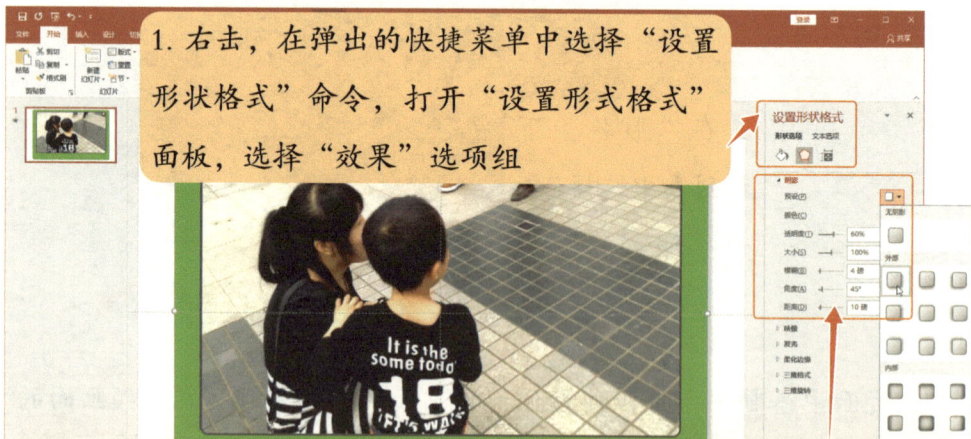

1. 右击，在弹出的快捷菜单中选择"设置形状格式"命令，打开"设置形式格式"面板，选择"效果"选项组

2. 添加"偏移：右下"阴影效果，设置阴影的"颜色"为灰色（白色，深色 50%），"距离"为"10 磅"

步骤 10　添加艺术字。页面中出现"请在此放置您的文字"艺术字文本框。

步骤 11　输入标题。在艺术字文本框中输入标题后，将其移动到视频画面的下方。

步骤 12　第一个视频播放页面已经制作好了。按 Ctrl+S 快捷键或 F12 键，将演示文稿以"开心游乐园"命名并保存到计算机中指定的位置。

步骤 13　编辑其他视频播放页面。参考上面的编辑步骤，完成各个页面中视频素材的效果设置，修改对应的标题，并为每张幻灯片的圆角矩形背景设置不同的填充色。

1. 在幻灯片列表中对编辑好的页面进行 3 次复制

3. 修改标题

2. 将复制的页面中的视频素材删除，并置入素材中的其他视频文件

步骤 14　按 Ctrl+S 快捷键保存已经完成的工作。

第 3 节　想更容易地找到某一位幻灯片朋友：实现缩放定位幻灯片

下面来制作演示文稿的导览页，我们将应用 PowerPoint 的"缩放定位"功能，快速完成工作并实现动感的播放效果。

步骤 1　选择"摘要缩放定位"。

2. 在"插入"选项卡中，从"缩放定位"下拉列表中选择"摘要缩放定位"

1. 在幻灯片列表中第一张幻灯片上面的空白位置单击，确认要插入新幻灯片的位置

步骤 2　选择要置入导览页的幻灯片。在弹出的"插入摘要缩放定位"对话框中，依次勾选列表中的缩略图，将它们置入缩放定位导览页中。

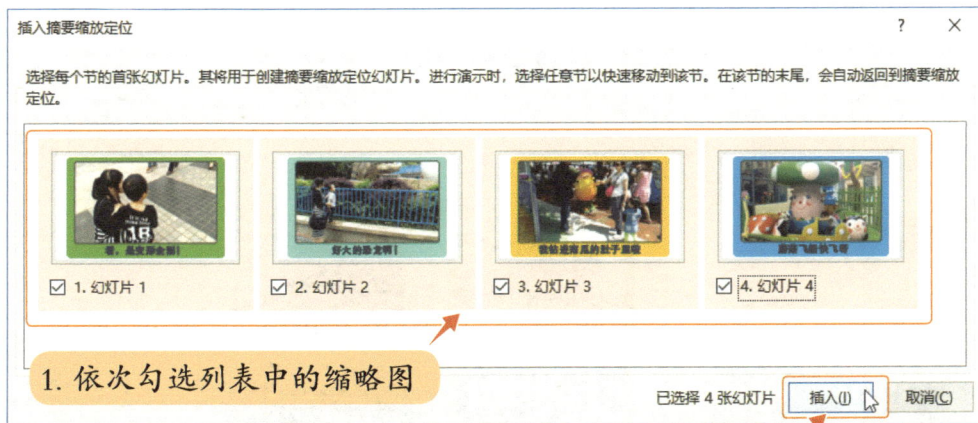

1. 依次勾选列表中的缩略图

2. 单击"插入"按钮

步骤 3　查看缩放定位导览页。回到幻灯片编辑窗口，即可看见一张新增的幻灯片，其中包含了所选幻灯片的缩略图。

步骤 4　置入背景图像。将本实例的素材文件夹中准备的图片素材置入页面，将其置于底层，作为导览页的背景图像。

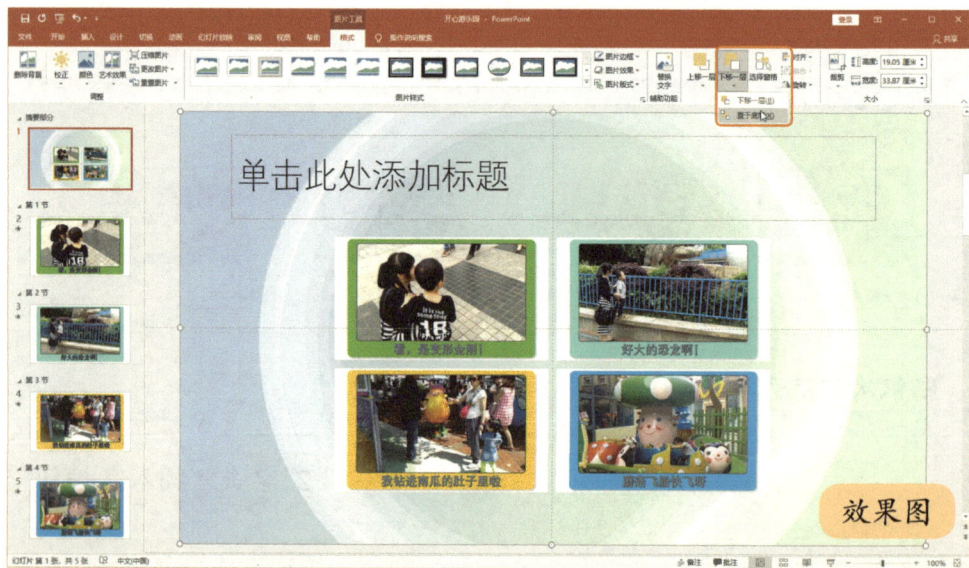

步骤5　添加标题。在标题文本框中输入文字"开心游乐园"，作为演示文稿的标题，并为其选择一种喜欢的艺术字样式，设置文字字体和大小。

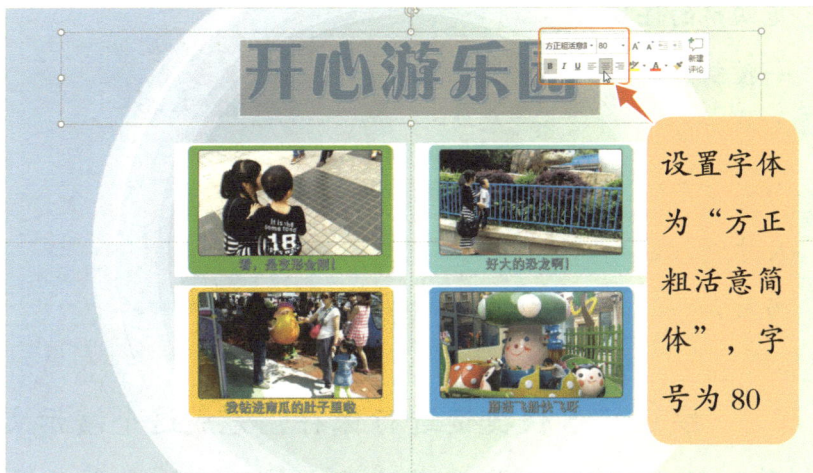

设置字体为"方正粗活意简体"，字号为80

步骤6　对演示文稿导览图进行调整，去掉缩略图的背景。

2.单击"格式"标签

1.选中整个缩放定位导览图的边框

3.单击"缩放定位背景"按钮，将各个页面缩略图的白色背景隐藏，使其变为透明效果

步骤7　调整导览图尺寸。

1. 按住 Ctrl+Shift 快捷键的同时，选择导览图边框左边中点（或右边中点）的控制点并向内拖曳，缩小边框的宽度

2. 选择边框四角的任一控制点并向外拖曳，对导览图的尺寸进行适当放大

步骤 8　按 Ctrl+S 快捷键进行保存，完成这个演示文稿的编辑制作。按 F5 键，预览这个演示文稿的最终完成效果。

步骤 9　添加背景音乐。将本实例的素材文件夹中准备的音频素材置入页面，作为导览页的背景音乐。

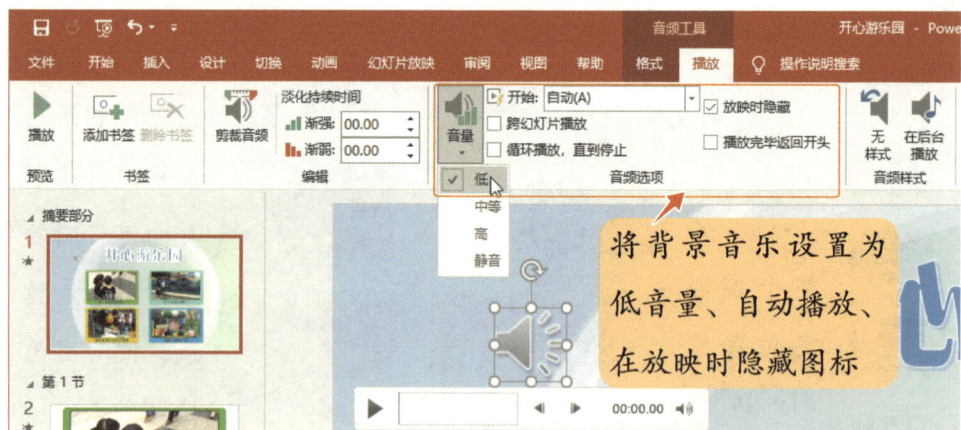

将背景音乐设置为低音量、自动播放、在放映时隐藏图标

小智提示

　　缩放定位是 PowerPoint 从 2016 版本开始添加的一个非常实用的功能，这个功能可用于把多张幻灯片动态地聚合起来。

　　摘要缩放定位是先跳转到指定幻灯片，播放完指定内容后再返回导览页的效果。

　　节缩放定位可用于将多张幻灯片安排在一节中，从导览页跳转到指定节，逐页播放完该节的所有幻灯片后，再返回导览页。

　　幻灯片缩放定位可用于实现从导览页跳转到指定页，播放完该页的幻灯片后，依次跳转到"插入摘要缩放定位"对话框中选择的下一张幻灯片。

　　此外，我们可以试试对导览页中的缩略图进行角度旋转或尺寸调整等操作，再按 F5 键进行放映，看看有什么惊喜。